法律に強い
Wセミナーの

第2版

面白いほど理解できる

民事執行法
民事保全法

民事執行法・民事保全法研究会

早稲田経営出版

TAC PUBLISHING Group

は じ め に

（1）本書の特徴

　本書は、法律の入門書シリーズとして、各種資格試験向けの民事執行法・民事保全法の学習や、大学における民事執行法・民事保全法講義の理解を助けることをコンセプトとしました。そのために、普段から法律初学者を対象に「民事執行法・民事保全法」講義を担当している資格試験受験専門校の講師によって執筆された「民事執行法・民事保全法入門」の本です。

（2）大学の授業の予習用に

　大学の授業は、予習をすることでその効果を一層高めることができます。

　授業を受ける側が知識ゼロの状態で聴くだけだと、内容が難しくて理解できない箇所が多くなり、理解できなければ面白くないから出席しなくなり、その結果、期末試験前だけ苦労したり最悪単位がとれなかったりという悪循環に陥りがちです。

　しかし、ある程度の前知識があって、今、何の話をしているのかをきちんと把握できれば、大学の授業の面白さは飛躍的に向上しますし、面白ければ、授業に出るのが苦ではなくなるはずです。

　そこで、本書を手元に置いておき、通学の電車内や喫茶店などで軽く次回の予習をしてから授業に臨むことをお勧めします。

（3）司法書士試験対策に

　本書は、司法書士試験試験対策としても有用です。

　試験対策用の専門教材がありますが、最初は、その本を読み進めること自体に苦戦するのではないかと思います。

　そこで、本書を利用して、まずは民事執行法・民事保全法の大枠をざっととらえてしまうことをお勧めします。その上で、各種専門教材を読み進めれば、効率ＵＰにつながるはずです。

（4）総　括

　各種資格試験用の専門教材、大学の講義で使用する基本書などは、それぞれ内容的には素晴らしいものが多いですから、それらを読みこなすための最初の一歩となるような入門書を執筆いたしました。

　本書を手に取って学習される皆さまの理解の一助になれば幸いです。

本書の使い方

1テーマ見開き2ページのスッキリ構成だから見やすい！

取り上げるテーマについて冒頭にQ＆Aが示されています。

本文では理由や趣旨も平易に説明！

タイトルは本文のキーワードとリンク！

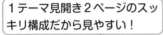
強 制 執 行

012 請求異議の訴え

不当な強制執行を阻止するための民執法上の救済についてふれます。

Q 請求異議の訴えとは何ですか？

A その債務名義による強制執行を許さないことを求めるための訴えです。

意　義

債務名義によって確定された請求権の内容が実体法上変更されたことを理由に、その債務名義の執行力の排除を求める訴えです（民執35条）。例えば、債務名義に表示されている請求権が弁済により消滅している場合、その債務名義に基づく強制執行は手続的には適法であっても、実体関係には合致しない不当な執行です。

そこで、債務者がこのような不当な執行を阻止するために、その債務名義の執行力を将来に向かって排除しこれに基づく強制執行の不許を求めうることとしたのが請求異議の訴えです。

請求異議の事由、その制限

請求異議の訴えを提起するためには、請求異議の事由が存在することが必要です。異議の事由は、特定の債務名義につきその執行力の排除を求めうる理由となる事実です。

民事執行法が規定する異議事由は次の3種類です。なお、請求権の存否や内容を通常の不服申立方法（上訴、異議）によって争うことができる裁判や

処分（確定前の仮執行宣言付判決、仮執行宣言付支払督促）に対しては、請求異議の訴えを提起することはできません（民執35条1項カッコ書で除外）。

(1)請求権の存在についての異議事由
（民執35条1項前段）

債務名義に掲げられた請求権の存在を実体法上否定する事由です。これには、請求権の発生を妨げる事由として、例えば要素の錯誤や代理権の欠缺があります。また、請求権を消滅させる事由として、例えば弁済、相殺、契約の解除等があります。

(2)請求権の内容についての異議事由
（民執35条1項前段）

請求権の効力を停止・制限する事由として、例えば弁済期限の猶予があり、責任の制限や消滅を生ずる事由として、例えば相続の限定承認や破産における免責があります。

(3)債務名義の成立に関する異議事由
（民執35条1項後段）

裁判以外の債務名義（執行証書、和解調書等）については、それらが適式に成立することによって執行力を生じますが、その取消しや変更を求めるた

24

(4)

めの不服申立方法（上訴、再審、異議等）が存在しません。そこで民事執行法は、その成立過程の瑕疵も異議事由として規定しました。例えば、執行証書が無権代理人の嘱託によって作成されたり、裁判上の和解が錯誤に基づいてされた場合がこれです。

異議事由の時的制限

債務名義のうち、確定判決については既判力による失権効との関係で主張しうる異議事由が限定されています。すなわち、確定判決についての異議の事由は事実審の口頭弁論終結後に生じたものに限られます（民執35条2項）。

また、異議の事由が数個あるときは、これらは同時に主張しなければなりません（民執35条3項、同34条2項）。

「同時に」とは、別訴を禁止する趣旨です。

請求異議の訴えの手続

原告適格をもつのは債務名義上の債務者またはその承継人、その他債務名義の執行力が拡張されて強制執行を受けるおそれがある者です。被告適格は、債務名義上の債権者またはその承継人、その他債務名義の執行力拡張の効力を受ける者に認められます。

ポイント

確定判決と請求異議の訴え

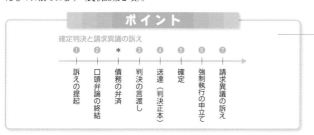

❶ 訴えの提起
❷ 口頭弁論の終結
＊ 債務の弁済
❸ 判決の言渡し
❹ 送達（判決正本）
❺ 確定
❻ 強制執行の申立て
❼ 請求異議の訴え

図表で整理することで、難解な構造も把握しやすく！

ミニテスト

1　執行証書については、その成立前に生じた事由をもって請求異議の訴えを提起をすることはできない。
2　請求異議の訴えは、執行文の付与される前でも提起することができる。

解答　1　× 執行証書には、異議事由に関するこのような時的制限はない。
　　　2　○ 請求異議の訴えは、債務名義の成立後であれば執行完了まで提起可能。

25

最後に1問1答型ミニテストで知識を確認！

● ● ● ● CONTENTS ● ● ● ●

第1部　民事執行法

第1編　序説

第2編　強制執行

第3編　不動産執行

第4編 動産執行

第5編 債権執行

第2部　民事保全法

※本書は、令和3年4月1日時点で施行されている法律を基準としています。

法律凡例

民　　　執……民事執行法
民　執　令……民事執行法施行令
民　執　規……民事執行規則
民　　　保……民事保全法
民　保　規……民事保全規則
民　　　訴……民事訴訟法
民　訴　規……民事訴訟規則
民　　　調……民事調停法
家　　　手……家事事件手続法
仲　　　裁……仲裁法
　　民　　……民法
裁　判　所……裁判所法
執　行　官……執行官法
司　　　書……司法書士法
不　　　登……不動産登記法
不　登　令……不動産登記法施行令
仮　　　担……仮登記担保契約に関する法律
工　場　抵……工場抵当法
立　　　木……立木法
手　　　形……手形法
会　　　社……会社法
一般法人……一般社団法人及び一般財団法人に関する法律
宗　　　法……宗教法人法
生　　　保……生活保護法
厚　年　保……厚生年金保険法

第1部
民事執行法

001 民事執行

民事執行という制度の全体像を説明します。

> **Q** 民事執行法とはどのような法律ですか？
> **A** 強制執行等の手続について定めている法律です。

意 義

民事執行とは、次の４つの手続を総称する概念です（民執１条）。
① 強制執行
② 担保権の実行としての競売
③ 形式的競売
④ 債務者の財産状況の調査

これらは、いずれも、法律で認められた権利の内容を国家機関である裁判所や執行官が強制的に実現する手続である点に共通性があります。

強制執行

民事訴訟法においては、例えば金銭の支払請求権等の給付請求権が存在するのかどうかについて審理し、これが存在するときはその履行を被告に命ずる判決等が出されます。この給付請求権の存在を公証する判決のような公文書を債務名義といいますが（詳細は 006、007 参照）、債務名義で命じられた給付義務に被告（債務者）が従わない場合、わが国では自力救済は禁止されていますから、原告（債権者）はその債務名義に表示された請求権を実現してもらう制度が必要です。これが強制執行です。

担保権の実行としての競売

主に抵当権等の担保権に内在する換価権（目的不動産等を売却してお金に換えることのできる権利）を行使する手続です（民執180条〜194条）。例えば、抵当権の実行としての担保不動産競売においては、強制執行としての強制競売の場合と同様、①差押え、②換価（売却）、③配当という３段階のプロセスを経て、被担保債権につき優先弁済を得る仕組みがとられています。

強制執行と決定的に異なる点は、強制執行では債務名義を要するのに対し、担保権の実行としての競売においてはこれを要しないところです。

形式的競売

留置権による競売や民法、商法その他の法律の規定による換価のための競売の手続です（詳細は 075 参照）。担保権の実行としての競売とは異なり、請求権の満足を図る手続ではありませんが、競売が公正に行われるよう、概ね担保権の実行としての競売の手続を

準用することとされています（民執195条）。

債務者の財産状況の調査

債権者が債務名義を得て強制執行をしようとしても、債務者が財産隠しをすると、債権者が権利を行使することができなくなりますので、権利行使を可能とするために財産を開示させる手続が必要になります。これが財産開示手続です（民執196条〜215条）（詳細は076、077参照）。

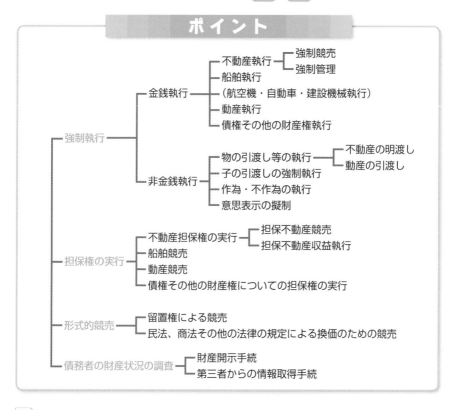

ポイント

- 強制執行
  - 金銭執行
    - 不動産執行
      - 強制競売
      - 強制管理
    - 船舶執行
    - （航空機・自動車・建設機械執行）
    - 動産執行
    - 債権その他の財産権執行
  - 非金銭執行
    - 物の引渡し等の執行
      - 不動産の明渡し
      - 動産の引渡し
    - 子の引渡しの強制執行
    - 作為・不作為の執行
    - 意思表示の擬制
- 担保権の実行
  - 不動産担保権の実行
    - 担保不動産競売
    - 担保不動産収益執行
  - 船舶競売
  - 動産競売
  - 債権その他の財産権についての担保権の実行
- 形式的競売
  - 留置権による競売
  - 民法、商法その他の法律の規定による換価のための競売
- 債務者の財産状況の調査
  - 財産開示手続
  - 第三者からの情報取得手続

ミニテスト

1　判決で金銭の支払いを命じられた債務者が財産隠しをした場合、債権者は財産の開示を求めることができる。
2　強制執行と担保権の実行としての競売のいずれにも、債務名義が必要である。
3　判決で命じられた債務を履行しないと、強制労働所に入所させられることがある。

解答　1　○　財産開示手続がある。
　　　　2　×　担保権の実行としての競売には、債務名義は不要。
　　　　3　×　わが国にはそのような制度はない。

002 執行機関

民事執行をするところがどこなのかを確認します。

Q 執行機関とは何ですか？

A 民事執行の実施を担当する国家機関です。

意　義

　執行機関とは、民事執行の実施を担当する国家機関であり、現行法上は裁判所と執行官の2種類に限定されています（民執2条）。民事執行のうち裁判所が執行機関となるのは、権利関係の判断を中心とする観念的処分に適する種類の執行です。例えば、不動産執行、債権執行、代替執行、間接強制及び担保権の実行としての競売があります。

　執行官が執行機関となるのは、実力行使を伴う事実的行為を中心とした処分に適する種類の執行です。例えば、動産執行、不動産の引渡しの強制執行等です。

執行裁判所

　民事執行に関して執行処分をする裁判所及び執行官のする執行処分に関する執行異議（003参照）の処理や執行官の職務について協力・監督する裁判所です。民事執行に関して執行処分をする裁判所の職分管轄は、原則として地方裁判所に認められます（裁判所25条）が、代替執行と間接強制（063、

064参照）では、簡易裁判所、家庭裁判所、高等裁判所が執行裁判所となることがあります（民執171条2項、同172条6項）。

　執行裁判所のする裁判は、口頭弁論を経ないですることができます（民執4条）。これは、執行裁判所のする裁判の形式は判決ではなく決定であることを意味します（民訴87条1項ただし書参照）。

　「執行裁判所のする裁判」とは、民事執行の手続においてする裁判です。訴えについては、4条は適用されません。例えば、第三者異議の訴えは執行裁判所の管轄とされています（民執38条3項）が、これは民事執行の手続における裁判ではなく、執行裁判所の属する地方裁判所が訴訟事件として口頭弁論を開いて判決をもって裁判しなければなりません。

執行官

　執行官は、地方裁判所に置かれ、法律の定めるところにより裁判の執行、裁判所の発する文書の送達その他の事務をする国家機関です（裁判所62条1

項、3項）。国家公務員ですが、手数料をもってその収入とし、国からは給与の支給を受けません。

執行官の職分管轄は、①民事訴訟法、民事執行法及び民事保全法その他の法令において執行官が取り扱うべきものとされている事務と、②民事執行法の規定による民事執行、民事保全法の規定による保全執行その他私法上の権利を実現しまたは保全するための手続を構成する物の保管・管理・換価その他の行為に係る事務で、裁判において執行官が取り扱うべきものとされたものです（執行官1条）。

執行官の権限

執行官は、職務執行に際し抵抗を受けるときは、その抵抗を排除するために威力を用いまたは警察上の援助を求めることができます（民執6条1項）。そのほか、動産執行における住居等への立入権、捜索権等が認められます（民執123条2項）。職務執行に関しては、立会人の立会い（民執7条）、休日・夜間の執行（民執8条）の規定があります。

執行官は債権者の代理人ではありませんが、民事執行法により特別の実体的権限が付与されています。すなわち執行官は、動産執行や動産競売等において、債務者または第三者による任意弁済を受領することができます（民執122条2項、同192条）。

ポイント

執行機関＝民事執行の実施を担当する国家機関
　執行裁判所…主に裁判のような観念的処分に適する種類の執行をする執行機関
　執行官………実力行使を伴う事実的行為を中心とした処分をする執行機関

ミニテスト

1　執行機関は、裁判所と執行官の2種類のみである。
2　執行裁判所のする裁判の形式は判決ではなく決定である。
3　執行官は、動産執行において債務者による任意弁済を受領することができる。

解答　1　○
　　　2　○
　　　3　○

003 執行処分に対する不服申立て

民事執行法における救済はどのようになっているのでしょうか？

Q 執行処分に対する不服申立てとは何ですか？

A 執行機関の違法な執行処分に対する救済です。

意 義

民事執行法は、執行機関の違法な執行処分に対する救済として、執行抗告と執行異議の制度を認めています。執行抗告は文字どおり上訴ですが、執行異議は上訴ではなく執行裁判所に対する簡易な救済の申立てです。

執行抗告

民事執行の手続に関する裁判に対して、特別の定めがある場合に限り認められる不服申立てです（民執10条1項）。

執行抗告をこのように制限するのは、執行の引き延ばしのために抗告が濫用されることを防止する趣旨です。執行抗告のできる裁判の主要例としては、例えば不動産の強制競売の申立「却下」の裁判（民執45条3項）があります。

これに対し、執行抗告が認められない裁判の代表例として、強制競売または担保不動産競売の「開始」決定があります（民執45条3項、同188条）。債務者が開始決定に不服であるときは、次に述べる執行異議の申立てが可能で

す。

執行抗告の手続

執行抗告は、裁判の告知を受けた日から1週間の不変期間内に抗告状を原裁判所（不服のある裁判をした裁判所）に提出してします（民執10条2項、民訴331条、同286条1項）。即時抗告には執行停止の効力があります（民訴334条1項参照）が、執行抗告には当然には執行停止の効力は生じません。

執行異議

次の3つの場合に認められる不服申立てです（民執11条1項）。

①執行裁判所の執行処分で執行抗告のできないもの

例えば、強制競売「開始」決定（民執45条1項）、売却基準価額の決定（民執60条1項）があります。

②執行官の執行処分

例えば、動産の差押え（民執122条1項）。

③執行官のすべき執行処分に遅怠がある場合

執行異議の事由

原則として民事執行法の定める手続上の瑕疵ですが、例外的に実体的な権利関係についての不服（つまり民法上の理由）も異議事由となることがあります。例えば、不動産担保権の実行の開始決定に対する執行抗告または執行異議の申立てにおいては、担保権の不存在または消滅を理由とすることができます（民執182条。例えば、被担保債権が消滅時効により消滅している場合、抵当権も付従性により消滅します）。

執行異議の申立ては、執行裁判所に対してします（民執11条1項）。

ポイント

執行処分に対する不服申立手段
- ❶執行抗告
  民事執行手続に関する裁判に対して、特別の定めがある場合に限り認められる救済。
- ❷執行異議
  執行裁判所の執行処分で執行抗告のできないもの、執行官の執行処分、執行官の執行処分の遅怠に対する救済。

執行抗告のできる裁判の主要例
- ❶民事執行の手続を取り消す旨の決定（民執12条1項）
- ❷強制競売の申立却下の裁判（同45条3項）
- ❸売却の許可・不許可の決定（同74条1項）
- ❹不動産引渡命令の申立てについての裁判（同83条4項）
- ❺強制管理の申立てについての裁判（同93条5項）

執行抗告が認められない裁判の代表例
- ❶強制競売、担保不動産競売の「開始」決定（民執45条3項、同188条）

 ミニテスト

1 不動産の強制競売の開始決定に対しては、執行抗告をすることができる。
2 抵当権の消滅を理由として執行異議の申立てをすることができる。
3 債務名義の成立後に執行債権が消滅したにもかかわらず強制執行がされた場合、執行債務者は執行抗告をすることができる。

解答 1 × 開始決定に対しては執行抗告をすることはできない。
2 ○ 担保権の不存在を理由とする執行異議の申立ては可能。
3 × この場合、請求異議の訴え（民執35条1項）を提起すべきである。

004 執行費用、民事執行法上の担保

民事執行にかかる経費、必要な担保について説明します。

> **Q** 民事執行をするには、どのような費用が必要ですか？
>
> **A** 執行費用や担保等が必要です。

執行費用

　強制執行等の民事執行に要する費用で必要なものをいいます（民執42条1項、同194条、同195条、同203条）。例えば、強制競売の申立手数料、差押登記の登録免許税、開始決定正本の送達費用、現況調査の手数料、評価人の報酬等です。

　執行費用のうち、共益費用すなわち全債権者の利益のために支出された費用をとくに手続費用といいます（民執63条1項等）。

　どのような費用が執行費用ないし手続費用になるかは法解釈の問題ですが、個別に規定されているものもあります（執行費用につき例えば民執168条7項、手続費用につき例えば民執56条2項）。

　手続費用は、目的財産の換価代金等の中から最優先順位で予納債権者に償還されます。

訴訟費用と執行費用

　訴訟費用との関連では、債務名義（ 006 、 007 参照）の成立までに要する費用は訴訟費用であり、債務名義の

送達の費用や執行文付与に関する費用など執行の準備に要する費用は執行費用です。

執行費用の負担者、予納

　執行費用は、本来は債務者の負担です（民執42条1項）。しかし、費用がなければ執行を進めることができませんから、申立債権者は、必要な費用を執行の申立ての際に予納しなければなりません（民執14条1項）。

執行費用を債務者から取り立てる方法

①同時取立て

　金銭執行において債務名義を要しないで執行の際に同時に取り立てる方法です（民執42条2項）。

②執行費用額確定処分による執行

　金銭執行において①の同時取立てをしなかった執行費用及び非金銭執行の執行費用について、執行裁判所の裁判所書記官に執行費用額確定処分の申立てをし、その処分が確定したときはこれを債務名義（民執22条4号の2）として強制執行をする方法です（同42条

4～7項)。なお、代替執行においては、執行費用の概算額の前払いを命じてもらう制度があります(民執171条4項)。

執行費用の返還

強制執行の基本となる債務名義(執行証書を除く)を取り消す旨の裁判または債務名義に係る和解・認諾・調停もしくは労働審判の効力がないことを宣言する判決が確定したときは、債権者はすでに支払いを受けた執行費用に相当する金銭を債務者に返還しなければなりません(民執42条3項)。

民事執行法上の担保

執行の停止・取消しや執行の続行等の処分をするに当たっては、これらの処分によって相手方(債権者等)に損害を被らせるおそれがあります。そこで、これらの処分をするには、その賠償に備えて担保を立てさせなければならない場合があります(民執10条6項、同36条1項等)。

保証の提供

民事執行法上、以上の担保とは別に保証を提供すべき場合があります。例えば、不動産の買受申出の保証(民執66条)がこれです。これは、保証提供者が負うべき代金納付義務を保証させる趣旨です。

ポイント

執行費用……………強制執行等の民事執行に要する費用で必要なもの。執行費用のうち、共益費用をとくに手続費用という。

執行費用の負担者……債務者

執行費用の取立方法…❶同時取立て、❷執行費用額確定処分による執行

執行費用の予納………申立債権者

民事執行法上の担保…執行の停止・取消し等の処分によって相手方(債権者等)に損害を被らせた場合には賠償責任が発生するので、その賠償に備えて、これらの処分をする際に命じられる担保

ミニテスト

1 執行費用は、申立債権者が負担しなければならない。
2 弁護士に委任して強制執行の申立てをした場合、その報酬は執行費用となる。

解答 1 × 債務者の負担。
2 × 弁護士報酬は執行費用にはならない。

005 強制執行

他人の財産に差押え等をすることです。

Q 強制執行とは何ですか？

A 債務名義で認められた権利を執行機関が強制的に実現する手続です。

意　義

執行機関が債務名義に基づいて私法上の請求権を強制的に実現する法的手続です。すなわち強制執行は、国家権力によって請求権の実現を図る制度であり、これを具体的に担当する執行機関は裁判所と執行官です。このように、強制執行をするには、執行機関によって実現されるべき請求権を表示した債務名義という文書が必要です（006、007参照）。請求権者であれば誰でも強制執行の申立てをすることができるというわけにはいきません。

強制執行の態様

強制執行は、実現されるべき請求権が金銭の支払いを目的とするか否かによって、金銭執行と非金銭執行とに大別されます。

金銭執行のプロセス

金銭執行は、金銭請求権を満足させるための強制執行であり、目的財産によって、不動産執行、動産執行、債権執行等の手続がありますが、概ね以下の３つのプロセスによって構成されています。

①差押え

執行機関が債務者の責任財産に属する財産（不動産、動産、債権等）を差し押さえてその処分権を制限することです。

②換価、管理

差し押さえた財産を売却したり管理したりすることにより、お金に換えることです。

③満足

換価代金を債権者等に交付（配当）して請求権を満足させる手続です。金銭執行の請求権は金銭債権であり、金銭を配当することにより請求権の満足が直接実現されることから、金銭執行は直接強制（061参照）に適しています。なお、扶養義務等に係る金銭債権の強制執行のように、間接強制（061参照）の方法によることが認められるものもあります（民執167条の15第１項）。

非金銭執行

金銭の支払いを目的としない請求権は、その内容が多種多様です。代表的

な執行は、物（不動産、動産）の引渡し等の執行、作為・不作為の執行、意思表示の擬制による執行です。

　非金銭執行においては、それぞれの請求権に応じて、直接強制のほか、代替執行（063参照）または間接強制の方法によります。あるいは、意思表示を求める請求権のように、現実の執行が行われず擬制によってその実現を図るものもあります（065参照）。

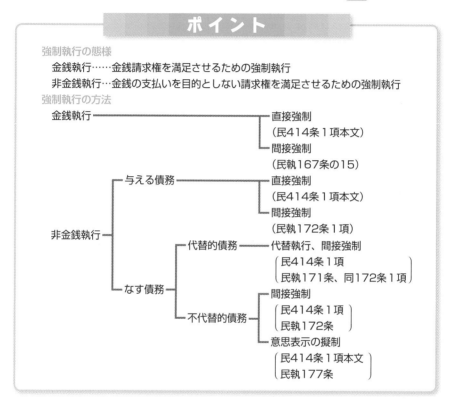

ポイント

強制執行の態様

金銭執行……金銭請求権を満足させるための強制執行

非金銭執行…金銭の支払いを目的としない請求権を満足させるための強制執行

強制執行の方法

- 金銭執行
  - 直接強制（民414条1項本文）
  - 間接強制（民執167条の15）
- 非金銭執行
  - 与える債務
    - 直接強制（民414条1項本文）
    - 間接強制（民執172条1項）
  - なす債務
    - 代替的債務
      - 代替執行、間接強制（民414条1項／民執171条、同172条1項）
    - 不代替的債務
      - 間接強制（民414条1項／民執172条）
      - 意思表示の擬制（民414条1項本文／民執177条）

ミニテスト

1　金銭債権の存在を金銭消費貸借契約書で明確に証明できる者は、債務者が任意の履行をしないときは、強制執行の申立てをすることができる。

2　不動産執行の申立てをした債権者は、開始決定をもらえば、債務者の住所に出向いて自ら債権の取立てをすることができる。

解答　1　×　強制執行をするには、債務名義が必要。
　　　　2　×　金銭執行は、差押え、換価、配当のプロセスを経る。債権者が債務者から直接取り立てる制度は認められていない。

006 債務名義（1）

強制執行をするために必要な公文書について説明します。

Q 債務名義とは何ですか？

A 強制執行によって実現されるべき給付請求権が記載されている書面です。

意　義

強制執行によって実現されるべき給付請求権（「執行債権」と呼ばれます）の存在及び内容を公証する文書です。強制執行は、給付請求権を国家権力によって実現する手続ですから、その請求権の存在や内容は明確にされていることが必要です。

そこで民事執行法は、公務員が法定の方式によって作成した文書のうち一定のものを債務名義とし、強制執行はこの債務名義に基づいて実施する建前をとっています（民執22条柱書）。

債務名義には、以下のようなものがあります。

確定判決（民執22条1号）

確定した給付判決です。確認判決や形成判決は含まれません。ただ、給付判決であっても、給付義務の性質や内容から強制執行によって実現することが不能または不適切なものは、債務名義とはなりません。

ここでいう判決とは、わが国の裁判所のした終局判決です。中間判決（民訴245条）や外国裁判所の判決は含まれません（外国裁判所の判決については、006を参照）。

仮執行宣言付判決（民執22条2号）

未確定の終局判決に、それが確定したのと同様に執行力を与える裁判を仮執行の宣言といいます（民訴259条1項）。

判決は、確定することによって執行力を生ずる建前ですが、敗訴した被告が執行の引き延ばしを企図して上訴を提起し、判決の確定を遮断することもありえます。そこで、そのような執行妨害を阻止し勝訴者に迅速な権利救済を与えるべき場合に、未確定であっても執行力を付与するのが仮執行の宣言です。

抗告によらなければ不服を申し立てることのできない裁判（民執22条3号）

債務者に給付を命ずる決定であって、不服申立方法が抗告とされているものです。これに該当する裁判としては、例えば不動産引渡命令（民執83条1項、4項）や間接強制における金銭

支払命令（民執172条1項、5項）があります。

仮執行宣言付損害賠償命令（民執22条3号の2）

犯罪被害者等の権利利益の保護を図るための刑事手続に付随する措置に関する法律第32条による裁判です。

仮執行宣言付届出債権支払命令（民執22条3号の3）

消費者の財産的被害の集団的な回復のための民事の裁判手続の特例に関する法律第44条の定める裁判です。

仮執行宣言付支払督促（民執22条4号）

支払督促が債務者に送達されてから

2週間以内に督促異議の申立てがないときは、債権者の申立てによりこれに仮執行の宣言が付せられます（民訴391条1項本文）。この仮執行宣言付支払督促が債務名義になります。

なお、債務者は、この仮執行宣言付支払督促に対しても督促異議の申立てをすることができます（民訴393条）が、この申立てをしないときまたは督促異議の申立てを却下する決定が確定したときは、その支払督促は確定判決と同一の効力を有します（民訴396条）。ここでいう「確定判決と同一の効力」とは、具体的には執行力を意味します。

ポイント

債務名義の種類（その1）
確定判決　　仮執行宣言付判決
抗告によらなければ不服を申し立てることのできない裁判
仮執行宣言付損害賠償命令　　仮執行宣言付届出債権支払命令
仮執行宣言付支払督促

ミニテスト

1　金銭の支払いを命ずる判決は、確定していなくても債務名義となる場合がある。
2　「Yは、Xに対し100万円を支払え」と命ずる支払督促に仮執行宣言が付せられたときは、Xはこれを債務名義としてYの自宅不動産を差し押さえることができる。

解答　1　○　判決は、仮執行宣言付きであれば未確定のものでも債務名義になる。
　　　　2　○　民執22条4号。

13

007 債務名義（２）

給付請求権が書かれている公文書について、確認します。

Q 給付請求権が記載された私文書は債務名義となりますか？

A いいえ、債務名義は公文書でなければなりません。

訴訟費用の負担の額等を定める裁判所書記官の処分（民執22条4号の2）

裁判所書記官は、以下の処分をすることができますが、それらの処分も債務名義になります。

①訴訟費用や和解費用の額を定める処分（民訴71条1項、同72条）

②執行費用の額を定める処分（民執42条4項）

③債権者が返還すべき執行費用相当額を定める処分（民執42条4項、3項）

執行証書（民執22条5号）

執行証書とは、公証人がその権限に基づいて作成した公正証書のうち、以下の目的物の給付を目的とする請求について作成されたもので、債務者が直ちに強制執行に服する旨の陳述（「執行受諾文言」といいます）が記載されたものです。

①一定額の金銭の支払い

②一定の数量の代替物の給付

③一定の数量の有価証券の給付

以上の目的物以外の物の給付を目的とする請求権（例えば、特定物の給付を目的とする請求権）や意思表示を求める請求権について公正証書を作成しても、執行力は認められません。

確定した執行判決のある外国判決（民執22条6号）

外国裁判所の確定判決は、一定の要件を具備すればわが国の裁判所の確定判決と同一の効力が認められます（民訴118条）。問題は、本条所定の要件を備えた判決であるかどうかをどのようにしてチェックするかですが、民事執行法は、債権者に予めわが国の裁判所に訴えを提起させ、その審理を通じて要件の具備を認定することとしています。所定の要件を備えているときは、執行判決がされ、外国裁判所の判決による強制執行を許す旨が宣言されます（民執24条6項）。

確定した執行決定のある仲裁判断（民執22条6号の2）

民事紛争の解決手段として仲裁手続があります。これは、紛争の解決を裁判所以外の第三者（仲裁人）が示す判断（仲裁判断）に委ねる契約（仲裁契

約）について定める手続です。

仲裁判断には確定判決と同一の効力が認められます（仲裁45条1項本文）が、仲裁判断は裁判ではありませんから、これに基づいて民事執行をするためには裁判所による関与が必要です。具体的には、裁判所の執行決定（仲裁判断に基づく民事執行を許す旨の決定）が必要です（同ただし書、仲裁46条1項）。

確定判決と同一の効力を 有するもの（民執22条7号）

確定判決と同一の効力を有するものには、次のようなものがあります。

①裁判上の和解調書（民訴267条）
②請求の認諾調書（民訴267条）
③家事調停調書（家手268条1項）

執行力ある債務名義と 同一の効力を有する文書

個別の法律において「執行力ある債務名義と同一の効力を有する」と規定されている文書があります。例えば、金銭の支払い、物の引渡し、登記義務の履行その他の給付を命ずる審判（家手75条）がこれです。その具体例として、財産分与に関する審判（家手39条別表第二4項）があります。

ポイント

債務名義の種類（その2）
　訴訟費用の負担の額等を定める裁判所書記官の処分
　執行証書　　確定した執行判決のある外国判決
　確定した執行決定のある仲裁判断　　確定判決と同一の効力を有するもの
　執行力ある債務名義と同一の効力を有する文書（例えば、家手75条）

 ミニテスト

1　建物の明渡義務が公正証書に明記されている場合、その公正証書をもって強制執行をすることができる。
2　「Yは、Xに対し、財産分与として金500万円を支払う。」旨の記載された家事調停調書がある場合、Xはその調書に基づいてYの財産に強制執行をすることができる。

解答　1　✕　特定物の引渡請求権についての公正証書には、執行力はない。
　　　　　2　○　家手39条別表第二に掲げる事項を記載した調停調書は、確定した審判と同一の効力を有する（家手268条1項）。

008 執行当事者

強制執行をする者とされる者はどのようになっているのでしょうか?

Q 強制執行は、誰が誰に対してすることができますか?

A 原則として債務名義に表示された者どうしですが、特例もあります。

意　義

強制執行をする者を執行債権者(または単に債権者)、その相手方として強制執行を受ける者を執行債務者(または単に債務者)と呼び、執行債権者と執行債務者とを一括して**執行当事者**と呼びます。

執行証書以外の債務名義の場合

①債務名義に表示された当事者(民執23条1項1号)

②第三者の訴訟担当における利益帰属主体(同2号)

実体法上の権利義務の帰属主体(本人)になり代わって第三者が訴訟当事者適格をもつ場合を第三者の訴訟担当といい、当事者となった第三者の受けた判決の効力は、実体法上の権利義務の帰属主体に及びます(民訴115条1項2号)。

例えば、債権者代位訴訟において債権者が受けた判決の効力や選定当事者(民訴30条1項)が受けた判決の効力は、それぞれ被代位債務者や選定者に及びます。これらの場合、被代位債務者や選定者も執行当事者となります。

③上記①、②に掲げる者の債務名義成立後の承継人(民執23条1項3号)

ここでいう承継人とは、債務名義が判決であるときは口頭弁論終結後の承継人、仮執行宣言付損害賠償命令または確定判決と同一の効力を有する債務名義のうち損害賠償命令に係るものにあっては審理終結後の承継人をいいます(民執23条1項3号カッコ書)。これは、債務名義の執行力が、債務名義に表示された請求権の承継人にも、また請求権に対応する義務の承継人にも及ぶという意味です。

④請求の目的物の所持者(民執23条3項)

請求の目的物とは、特定物給付請求の対象である動産または不動産であり、所持者とは、もっぱら上記①〜③に掲げる者のために所持し、その所持につき自己の固有の利益を有しない者です(例えば、別荘の管理人)。

債務名義が執行証書である場合

執行証書に表示された当事者または執行証書作成後の承継人に対し、もしくはこれらの者のために強制執行をす

ることができます（民執23条2項）。なお、執行証書にあっては、他人のために当事者となることはなく、また特定物の給付請求については執行力は生じませんから、請求の目的物の所持者も問題になりません。

執行開始後の当事者の承継

債務名義が成立した後に承継その他の事由が生じた場合、その執行正本に基づいて強制執行をするためには、原則として承継執行文の付与を受けなければなりません（民執27条2項）。

執行開始後の債務者の死亡

強制執行が開始した後に債務者が死亡した場合、従前の執行正本に基づいて強制執行を続行することができます（民執41条1項）。つまり、この場合は承継執行文は不要です。これは、債権者の便宜を図るとともに、すでにされている差押えの効力を保持させる趣旨です。

ポイント

執行当事者適格の認められる者
1　執行証書以外の債務名義の場合
　❶債務名義に表示された当事者
　❷第三者の訴訟担当における利益帰属主体
　❸❶、❷に掲げる者の債務名義成立後（審理終結後）の承継人
　❹❶～❸に掲げる者のために請求の目的物を所持する者
2　債務名義が執行証書である場合
　執行証書に表示された当事者またはその作成後の承継人

ミニテスト

1　債権者Xが、第三債務者Yに対して債権者代位訴訟を提起し、請求認容判決を受けた。この場合、債務者Zは、Xの受けた判決を債務名義としてYに対して強制執行をすることができる。
2　AがBに対して100万円を貸して公正証書を作成した後にBが死亡した。Aは、100万円を回収するために、Bの相続人に対して強制執行をすることができる。
3　2の場合において、Bが死亡したのが強制執行を開始した後であったときは、AはBの相続人に対する承継執行文の付与を受けなければならない。

解答　1　○　Zは第三者の訴訟担当における利益帰属主体。
　　　　　2　○　公正証書に表示された当事者の承継人には、執行力が及ぶ。
　　　　　3　×　民執41条1項。

009 執行文

債務名義の執行力についてのお墨付きを与えるものです。

Q 執行文とは何ですか？

A その債務名義で強制執行できることを証明するお墨付きです。

意　義

　執行文とは、債務名義の執行力の現存及びその内容（とりわけ、誰が誰に強制執行をすることができるか）を公証するため、債務名義の末尾に付記される公証文言です。すなわち、強制執行をするためには、債務名義を取得しただけでは足りず、これに執行文を付けてもらう必要があるわけです（民執25条本文）。

執行文の必要性

　執行文を必要とする理由は、わが国では債務名義作成機関と執行機関とが分離されているからです。例えば、執行機関が強制執行に着手するためには、その債務名義が執行力を有しているかどうかを調査しなければなりません（判決の確定、条件の成就、承継の有無等）が、その調査を執行機関に委ねるのは迅速執行あるいは正確性の要請に反します。

　そこで執行力の存在を執行機関とは別の機関に調査させることにしたわけです。

執行文が不要な場合

①少額訴訟の確定判決、仮執行宣言を付した少額訴訟の判決（民執25条ただし書）

②仮執行宣言付支払督促（民執25条ただし書）

③執行力のある債務名義と同一の効力を有するもの（通説、実務）

④意思表示を命ずる債務名義（民執177条1項本文）

⑤仮差押命令及び仮処分命令（民保43条1項）

執行文付与の手続

⑴付与機関

　執行証書についてはその原本を保存する公証人、その他の債務名義については事件の記録を保存する裁判所の書記官です（民執26条1項）。

⑵執行文の形式

　執行文は、債権者が債務者に対しその債務名義により強制執行をすることができる旨を債務名義の末尾に付記する方法によって付与します（民執26条2項）。執行文という証明文書が別個に発行されるのではありません（下記

図表を参照）。

執行力のある債務名義（判決）の正本

判　　　　決

　　　　　　　　　　　　　　原　告　　A株式会社
　　　　　　　　　　　　　　被　告　　B

主　　　文

被告は原告に金○○万円及びこれに対する……　を支払え。

…………………………………………

　　　　　　　　　　○○地方裁判所民事第○○部
　　　　　　　　　　　裁判官　何　　　　　某

これは正本である
令和　年　月　日

庁
印

　　　　　　　　　　○○地方裁判所民事第○○部
　　　　　　　　　　　裁判所書記官　何　　　某　㊞

　債権者A株式会社は、債務者Bに対し、この債務名義により強制執行を
することができる。
　令和　年　月　日

　　　　　　　　　　○○地方裁判所民事第○○部
　　　　　　　　　　　裁判所書記官　何　　　某　㊞

ポイント

債務名義　＋　執行文　＝　執行力ある債務名義の正本（執行正本）

ミニテスト

1　執行文は、すべての債務名義につき第一審裁判所の裁判所書記官が付与する。
2　「Aは、Bに対し、別紙物件目録記載の土地につき、令和○年○月○日売買を原因
　とする所有権移転登記手続をせよ」という判決が確定した場合、Bがこの判決によ
　って登記申請をするには、執行文を要しない。

解答　　1　× 公正証書については公証人が付与する。
　　　　　　2　○ この判決は、確定した時（その瞬間）にAの登記申請の意思表示が擬制
　　　　　　　　される（民執177条1項本文）から、強制執行の余地が後に残らない。
　　　　　　　　したがって、Bが執行文を得て強制執行をしていくということは考えら
　　　　　　　　れない。

010 執行文付与の要件

債務名義に執行のお墨付きを与えるために必要なこととは何でしょうか？

Q 執行文を付与するための要件は何ですか？

A 請求権の内容、執行当事者の承継等により、一様ではありません。

一般的要件（単純執行文）

執行文を付与するためには、一般に、①債務名義となりうる文書が存在し、②債務名義の執行力が発生しかつ現存していることを要します。例えば、債務名義が判決であれば、上訴等により取り消されたりあるいは訴えの取下げにより判決自体が失効していないことが必要です。

これらの要件を具備するだけで付与される執行文を、一般に単純執行文といいます。

条件成就執行文

債務名義に掲げられた請求が債権者の証明すべき事実の到来に係る場合、債権者はその事実が到来したことを文書をもって証明しなければなりません（民執27条1項）。この事実の到来（条件の成就）を証明することによって付与される執行文を、一般に条件成就執行文といいます。

債権者の証明すべき事実の例としては、停止条件の成就、不確定期限の到来、先給付の関係にある反対給付の履行（例えば、「Aは立退料として金○○○円をBに支払う。Bは、その支払いを受けた日から3月以内にAに対して建物を明け渡す」場合の立退料の支払い）等があります。

承継執行文

債務名義に表示された当事者以外の者を債権者または債務者とする執行文は、その者に対しまたはその者のために強制執行をなしうることが裁判所書記官もしくは公証人に明白であるとき、または債権者が文書をもってこれを証明したときに限って付与されます（民執27条2項）。この場合の執行文を、一般に承継執行文といいます。

債務名義の執行力は、債務名義に表示された当事者以外の者にも及びます（民執23条）が、それらの者は債務名義に表示されていないため、執行機関はこのままではそれらの者に対する関係で執行することができません。そこで、執行文付与機関に執行力の拡張事由を審査させ、その要件が充たされているときに限って執行文を付与させることとしたわけです。

単純執行文と承継執行文

承継執行文は、債務名義に表示された当事者以外の者を執行当事者とする場合に要求されるのですから、そもそも執行文を要しない債務名義（少額訴訟の確定判決や仮執行宣言付支払督促、保全命令等）に基づく執行についても要求されます。

相手方を特定できない場合の承継執行文

執行文は、不動産の引渡（明渡）請求権等を表示した債務名義につき、その執行をする前にその不動産の占有者を特定することを困難とする特別の事情があるときは、債務者を特定しないで付与することができる場合があります（民執27条3項柱書）。

執行文の再度付与等

執行文は、債権者が債権の完全な弁済を得るため執行文の付された債務名義の正本が数通必要であるときまたはこれが滅失したときに限り、さらに付与することができます（民執28条1項）。例えば、同時にA地裁及びB地裁で執行する場合、あるいは動産執行と債権執行とを同時にする場合、執行文の付された債務名義の正本がそれぞれ2通必要になります。その必要性の有無は、執行文の付与機関が判断します。

ポイント

執行文の付与の態様等
単純執行文
条件成就執行文
承継執行文
相手方を特定できない場合の承継執行文
執行文の再度付与等

 ミニテスト

1　「Xは立退料として金〇〇円をYに支払う。Yは、その支払いを受けた日から3月以内にXに対して本件建物を明け渡す」旨の和解調書に基づいて強制執行をする場合、Xは立退料を支払ったことの証明をしないと、執行文は付与されない。

2　AがBに対してお金を貸して公正証書を作成した後に、Aが死亡した。Aの相続人がBに対して強制執行をするためには、執行文を要する。

解答　1　○　条件成就執行文が必要。
　　　　　2　○　承継執行文が必要。

011 執行文の付与に関する救済

執行文の付与・付与拒絶の処分に対する救済について説明します。

> **Q** 執行文の付与に関する処分に不服のある者にはどのような救済があります か?
>
> **A** 簡易な救済のほか、訴えも認められています。

執行文の付与に関する異議

執行文の付与に関する付与機関の処分に不服のある債権者または債務者は、裁判所書記官の処分にあってはその書記官の所属する裁判所に、公証人の処分にあってはその公証人役場の所在地を管轄する地方裁判所に異議の申立てをすることができます（民執32条1項）。訴えによらない簡易の救済手段です。

異議の事由は、執行文を付与すべきであるのに付与を拒絶し、逆に付与すべきではないのに付与した付与機関の処分の違法です（執行文の付与は執行機関の処分ではありませんので、この異議は民事執行法11条の執行異議ではありません）。条件の成否や承継の有無といった実体判断に関する処分も異議事由となります（従来の通説）。ただし、裁判以外の債務名義（例えば、仮執行宣言付支払督促）の成立についての異議は除外されます（民執35条1項後段により請求異議の事由となります）。

執行文付与の訴え

債権者は、条件の成就（民執27条1項）や承継の事実（同2項）について証明文書を提出できない結果、条件成就執行文や承継執行文の付与を受けることができないときは、債務者を被告として訴えを提起し、その勝訴判決に基づいて執行文の付与を受けることができます（民執33条1項）。この訴えを**執行文付与の訴え**といいます。

執行文付与の訴えは、債務名義の種類を問わず、また執行文付与の申立てをしたか、付与拒絶に対して異議の申立て（民執32条1項）をしたかを問わず提起することができます。ただ、この訴えにおける請求認容判決は執行文に代わるものではなく、執行文付与の要件たる事実（条件の成就、承継の事実）の証明に代わるものです。

この訴訟においては、被告（債務者）は条件の成就や承継の事実を争えるだけでなく、執行文の付与を違法とするすべての事由（判決の未確定、執行証書の無効等）をも主張することができます。

執行文付与に対する異議の訴え

執行文付与の際に証明された条件の成就や承継の事実を否定して、その執行正本に基づく強制執行の不許を求めるために、債務者が債権者を被告として提起する訴えです（民執34条1項）。

この訴えの提起または異議の申立て（民執32条1項）のいずれを先にするかあるいは同時にするか、異議の申立てが排斥された後にこの訴えを提起するかは、債務者の自由です。異議の事由は、条件が成就していないことまたは承継の事実が存在しないことです。

例えば、町金融業者YがXの電話加入権を差し押さえてきたので、Xが調べたところ、YがXの弟Zに対して債務名義を取った後にZが死亡し、唯一の法定相続人であるXに対して承継執行文を取得して強制執行をしてきたことが判明したとします。この場合、Xが強制執行を免れるためには、相続の放棄をすれば簡単です。

相続の放棄をすると、Xは初めからZの相続人ではなかったことになります（民939条）から、承継執行文は結果的に理由もなく付与されたことになります。この場合、XはYを被告として執行文付与に対する異議の訴えを提起することができます。

ポイント

執行文の付与に関する救済

簡易な救済…………執行文の付与に関する異議

訴えによる救済……執行文付与の訴え

　　　　　　　　　執行文付与に対する異議の訴え

ミニテスト

1　執行文の付与に対して不服があるときは、債務者は執行異議の申立てをすることができる。

2　執行文付与の訴えで請求認容判決が確定したときは、執行文が付されたものとみなされる。

解答　1　×　執行文の付与は執行機関の処分ではないので、執行異議の申立て（民執11条）をすることはできない。

　　　　2　×　執行文付与の訴えにおける請求認容判決は、執行文に代わるものではなく、付与の要件たる事実（条件の成就、承継の事実）の証明に代わるものである。

012 請求異議の訴え

不当な強制執行を阻止するための民執法上の救済について説明します。

Q 請求異議の訴えとは何ですか？

A その債務名義による強制執行を許さないことを求めるための訴えです。

意　義

　債務名義によって確定された請求権の内容が実体法上変更されたことを理由に、その債務名義の執行力の排除を求める訴えです（民執35条）。例えば、債務名義に表示されている請求権が弁済により消滅している場合、その債務名義に基づく強制執行は手続的には適法であっても、実体関係には合致しない不当な執行です。

　そこで、債務者がこのような不当な執行を阻止するために、その債務名義の執行力を将来に向かって排除しこれに基づく強制執行の不許を求めうることとしたのが請求異議の訴えです。

請求異議の事由、その制限

　請求異議の訴えを提起するためには、請求異議の事由が存在することが必要です。異議の事由は、特定の債務名義につきその執行力の排除を求めうる理由となる事実です。

　民事執行法が規定する異議事由は次の3種類です。なお、請求権の存否や内容を通常の不服申立方法（上訴、異議）によって争うことができる裁判や

処分（確定前の仮執行宣言付判決、仮執行宣言付支払督促）に対しては、請求異議の訴えを提起することはできません（民執35条1項カッコ書で除外）。

(1)**請求権の存在についての異議事由**
　（民執35条1項前段）

　債務名義に掲げられた請求権の存在を実体法上否定する事由です。これには、請求権の発生を妨げる事由として、例えば要素の錯誤や代理権の欠缺があります。また、請求権を消滅させる事由として、例えば弁済、相殺、契約の解除等があります。

(2)**請求権の内容についての異議事由**
　（民執35条1項前段）

　請求権の効力を停止・制限する事由として、例えば弁済期限の猶予があり、責任の制限や消滅を生ずる事由として、例えば相続の限定承認や破産における免責があります。

(3)**債務名義の成立に関する異議事由**
　（民執35条1項後段）

　裁判以外の債務名義（執行証書、和解調書等）については、それらが適式に成立することによって執行力を生じますが、その取消しや変更を求めるた

めの不服申立方法（上訴、再審、異議等）が存在しません。そこで民事執行法は、その成立過程の瑕疵も異議事由として規定しました。例えば、執行証書が無権代理人の嘱託によって作成されたり、裁判上の和解が錯誤に基づいてされた場合がこれです。

異議事由の時的制限

債務名義のうち、確定判決については既判力による失権効との関係で主張しうる異議事由が限定されています。すなわち、確定判決についての異議の事由は事実審の口頭弁論終結後に生じたものに限られます（民執35条2項）。

また、異議の事由が数個あるときは、これらは同時に主張しなければなりません（民執35条3項、同34条2項）。

「同時に」とは、別訴を禁止する趣旨です。

請求異議の訴えの手続

原告適格をもつのは債務名義上の債務者またはその承継人、その他債務名義の執行力が拡張されて強制執行を受けるおそれがある者です。被告適格は、債務名義上の債権者またはその承継人、その他債務名義の執行力拡張の効力を受ける者に認められます。

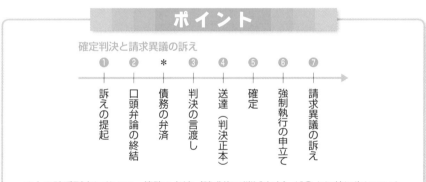

ポイント

確定判決と請求異議の訴え

❶ 訴えの提起
❷ 口頭弁論の終結
＊ 債務の弁済
❸ 判決の言渡し
❹ 送達（判決正本）
❺ 確定
❻ 強制執行の申立て
❼ 請求異議の訴え

※上の時系列表において、債務の弁済（請求権の消滅事由）が②より前に生じていたときは、既判力による失権効の問題となり、債務者は主張することができない。

ミニテスト

1 執行証書については、その成立前に生じた事由をもって請求異議の訴えを提起をすることはできない。

2 請求異議の訴えは、執行文の付与される前でも提起することができる。

解答 1 × 執行証書には、異議事由に関するこのような時的制限はない。
2 ○ 請求異議の訴えは、債務名義の成立後であれば執行完了まで提起可能。

013 第三者異議の訴え

不当な強制執行に対する第三者の救済について説明します。

Q 第三者異議の訴えとは何ですか？

A 第三者が執行債権者を被告として提起する訴えです。

意　義

第三者異議の訴えとは、強制執行によって自己の財産権を侵害される第三者が執行債権者を被告としてその執行の排除を求める訴えです（民執38条1項）。

強制執行は、債務者の責任財産に対してされるべきですが、執行機関はその目的物が債務者の責任財産に属するかどうかを調査する権限も職責もなく、その外観があれば手続を進めます。

例えば、不動産であれば登記名義、動産であれば占有という外形に基づいて手続を進めます。

制度の趣旨

執行機関が対象財産の外形に基づいて手続を進めるとなりますと、実体的には責任財産に属さない財産に対して現実に執行がされ、結果的に第三者の権利が侵害される事態もあり得ます。

そこで、このような不当な強制執行よって自己の財産権を侵害された第三者に対しては救済手段を与える必要がありますが、この救済手段が第三者異議の訴えです。

異議の事由

第三者異議の訴えにおける異議事由は、第三者が「強制執行の目的物について所有権その他目的物の譲渡又は引渡しを妨げる権利を有する」ことです（民執38条1項）。

一読しただけではとても理解できない規定振りですが、その意味は、「仮に債務者が執行の目的物を譲渡したとすれば正当な権利を有する第三者に対して違法となる場合を指す」と説明されます。この説明もまた難解ですが、要するにその強制執行によって第三者の実体上の権利が不当に侵害される場合だと考えることができます。

異議の事由の例

どのような場合が異議の事由に当たるかは、第三者が実体法上どのような法的地位を有しているかによって決まりますが、その典型例は所有権が侵害される場合です。例えば、動産執行においては、買受人に即時取得（民192条）が認められますと、第三者は所有

権を喪失してしまうという不利益があります。また不動産の強制競売では、第三者は所有権自体は失わないとしても、売却により買受人名義の登記がされる（民執82条1項1号）ことにより所有権の行使が妨げられるという不利益を被ります。

第三者異議の訴えの手続

第三者異議の訴えは、原則として執行が開始されて初めて訴えの利益があります。執行開始前は、どの財産が執行の対象となるか明らかでないため、一般的には訴えの利益は認められません（ただし、特定物の引渡しや明渡しの執行の場合、目的物が特定していますから、執行の着手前でもこの訴えの利益は認められます）。また、この訴えは不当執行の排除を目的とする訴えですから、目的物に対する執行が完了した後は提起することはできません（その場合、第三者は執行債権者に対して不当利得返還請求や不法行為による損害賠償請求が可能）。

この訴えにおいて原告適格を有するのは、自己の財産権をその執行によって侵害されると主張する第三者であり、被告適格を有するのは執行債権者です。執行債務者自身は被告になりません。

ポイント

当事者適格の比較

請求異議の訴え	原告：債務名義上の債務者等	被告：債務名義上の債権者等
第三者異議の訴え	原告：第三者	被告：執行債権者

ミニテスト

1 債務者の責任財産に属するとの外観のない財産に対して強制執行がされた場合、第三者は執行異議の申立てをすることができる。
2 建物の明渡執行においては、執行の開始前であっても、第三者異議の訴えを提起することができる。

解答 1 ○ この執行は違法執行であるから、第三者は、第三者異議の訴えのほか、執行異議の申立て（民執11条）も可能。
2 ○ 執行の対象が債務名義上特定されているから、執行開始前であっても第三者異議の訴えの利益は認められるものと解されている。

014 強制執行の開始

強制執行を開始してもらうための関門があります。

Q 債務名義に執行文が付与されると、強制執行は開始することができますか?

A それだけでは開始できないことがあります。

執行開始の要件

強制執行を開始するためには、以下に掲げる特別の要件を具備することを要し、執行機関はこれを調査した上で執行に着手しなければなりません。

債務名義の送達

強制執行を開始するためには、債務名義または確定により債務名義となるべき裁判の正本または謄本が、予めまたは同時に債務者に送達されなければなりません(民執29条前段)。いかなる債務名義により執行されるのかを債務者に予告して、防御の機会(請求異議の訴え等)を与える趣旨です。

なお、判決及び仮執行宣言付支払督促はすでに送達済みです(民訴255条1項、2項、391条2項)から、これらを送達し直す必要はありません。

執行文等の送達

条件成就執行文や承継執行文が付与された事件にあっては、執行文及びその付与を受けるために債権者が提出した証明文書の謄本も送達が必要です(民執29条後段)。条件の成就や承継の有無等について争う機会(執行文付与に対する異議の訴え等)を与える趣旨です。

確定期限の到来

請求権が確定期限の到来に係る場合、強制執行はその期限の到来後に限り開始できます(民執30条1項)。確定期限の到来は実体上の事由であり、理論的には条件成就執行文の付与の問題ですが、その到来の判断は執行機関にも容易ですから、その到来を執行開始の要件としたわけです(確定期限の到来前でも執行文は付与される)。

担保の提供

担保を立てることを強制執行の実施の条件とする債務名義(民訴259条1項等)による強制執行は、担保を立てた旨の証明書を提出したときに限り開始できます(民執30条2項)。その証明書は公文書に限られていませんので、銀行等との間の支払保証委託契約書(いわゆるボンド)のような私文書

も認められます。

反対給付の履行または提供

債務者の給付が反対給付と引換えにすべきものである場合、強制執行は債権者が反対給付の履行またはその提供を証明したときに限り開始できます（民執31条１項）。これは、いわゆる引換給付を命ずる債務名義に基づく執行についての規定です。

反対給付の証明方法は限定されていませんので、公文書に限られません。また、執行機関が執行官であるときはその現認でもよいと解されています。

代償請求における本来的給付の執行不能

例えば、「A建物を明け渡せ。仮にその執行が不能ならば300万円を支払え」という債務名義がある場合、A建物の明渡しは本来的給付であり、300万円の請求はいわゆる代償請求です。

このような代償請求の執行は、本来的給付の執行が不能に終ったことを証明したときに限り開始できます（民執31条２項）。その執行不能の証明方法は制限されていません（例えば、執行機関が執行官であるときはその現認でよいと解されています）。

ポイント

強制執行の進行
　「債務名義＋執行文（の付与）」　⇒　（執行の申立て）　⇒　執行開始

ミニテスト

1　「被告は原告に対し令和３年12月31日限り100万円を支払え」という判決については、同日を経過しないと執行文を付与することはできない。

2　「Bは、Aから金〇〇万円の支払いを受けるのと引換えに□□の建物を明け渡せ」という判決に基づく執行にあっては、Aは金〇〇万円の支払いまたは提供の証明をしないと執行文の付与を受けることはできない。

3　「Yは、Xに対しA馬を引き渡せ。仮にその執行が不能のときは300万円を支払え」という債務名義がある場合において、A馬の引渡しの強制執行が不能に終わったときは、Xは直ちにYの自宅の金庫にある300万円を差し押さえることができる。

解答　1　×　確定期限の到来は執行開始の要件であり、執行文付与の要件ではないので、期限未到来の間にも執行文を付与することはできる。

　　　　2　×　反対給付の証明は執行開始の要件であり、執行文付与の要件ではないので、反対給付の証明をするまでもなく執行文の付与を受けることができる。

　　　　3　○　民執31条２項。

015 強制執行の停止・取消し

強制執行の手続を止めたり、取り消してもらうにはどうすればいいのでしょう？

Q 強制執行は、停止されたり取り消されたりすることがありますか？

A 一定の文書が提出されたときは、停止されまたは取り消されます。

停止・取消しの意義

強制執行の停止とは、執行機関が執行を開始または続行することが法律上できなくなることです。取消しとは、執行の開始・続行を阻止するだけでなく、すでに行われた執行処分を除去することです。

執行正本が提出された以上、執行機関は迅速執行に努めなければなりませんが、反面、執行手続の正当性も確保される必要があります。そこで、以下の8種の文書のいずれかが提出された場合、執行機関は手続の停止・取消しをしなければならないものとして、その正当性を確保することとされています。

執行停止文書（民執39条1項）

①債務名義（執行証書を除く）や仮執行宣言を取り消す旨または強制執行を許さない旨を記載した執行力のある裁判の正本（1号文書）

②債務名義に係る和解等の効力がないことを宣言する確定判決の正本（2号文書）

③債務名義（民執22条2号〜4号の

2）が訴えの取下げ等により失効したことを証する調書の正本等（3号文書）

④不執行の合意を記載した和解調書等（4号文書）

いわゆる不執行の合意（強制執行をしない旨の債権者・債務者間の合意）や執行申立ての取下げの合意が和解等において成立している場合、それに基づいて請求異議の訴えを提起してその勝訴の確定判決を得るまでもなく、和解等の調書をもって直ちに執行を阻止できることを明らかにした規定です。

⑤強制執行を免れるための担保を立てたことを証する文書（5号文書）

⑥強制執行の停止及び執行処分の取消しを命ずる旨を記載した裁判の正本（6号文書）

⑦強制執行の一時停止を命ずる旨を記載した裁判の正本（7号文書）

執行の一時停止だけを命ずる裁判であり、執行処分の取消しまでは命じていないものです（例えば、民訴403条1項3号）。

⑧債務名義成立後の弁済受領等の証明文書（8号文書）

弁済や弁済期限の猶予について争いがあるときは、本来ならば、債務者は請求異議の訴えを提起し併せて執行停止の仮の処分（上記6、7号文書）を求めるべきですが、債権者の作成した弁済受領文書や弁済期限の猶予文書が提出された場合、債務者の簡易な保護として執行の一時停止を認める趣旨です。弁済受領文書とは、全額の弁済を受けた旨を証する文書です。

ただ、弁済受領文書の提出による停止は4週間に限られます（民執39条2項）。これだけの期間があれば、請求異議の訴えを提起するための時間的余裕としては十分といえるからです。弁済期限の猶予文書の提出による停止は回数にして2回に限り、かつ期間にして通算6か月を超えることはできません（同3項）。

執行処分の取消し

執行の終局的停止を伴う文書（上記1〜6号文書）が提出された場合、執行手続をそれ以上続行する必要がなくなります。そこでこの場合、執行機関はすでにした執行処分を取り消さなければなりません（民執40条1項）。

本条1項による執行処分の取消しは、他の判断機関による審査を不要にする程度に確実ですので、これらの取消決定に対しては執行抗告をすることはできません（同2項、民執12条）。

ポイント

執行停止文書……民執39条1項1号〜8号の文書
執行取消文書……同1号〜6号の文書

ミニテスト

1　請求異議の訴えにおいて債務者が勝訴してその確定判決を執行機関に提出したときは、進行中の執行は取り消される。
2　強制執行をしない旨の債権者・債務者間の合意書を債務者が提出した場合、執行機関は強制執行を停止しなければならない。
3　執行債権につき債務者が弁済供託をし、執行機関にその供託書正本を提出したときは、その強制執行は停止する。

解答　1　○　請求異議の訴えにおける債務者の勝訴判決は、執行取消文書。
2　×　合意は和解・調停調書等の形式をとることが必要であり、私文書では不可。
3　×　弁済供託（民494条）の供託書正本は、弁済受領文書とはならないと解されている。

016 不動産執行

金銭債権を不動産から回収することをいいます。

Q 不動産執行とは何ですか？

A 不動産に対する強制執行です。

意義、方法

不動産執行とは、債務者の不動産を強制的に換価または収益し、その代価または収益を債権者の金銭債権の満足に充てる強制執行です。不動産執行には、①強制競売と②強制管理の２つの方法があります（民執43条１項前段）。

①は、不動産を換価（売却）してその代金を債権の満足に充てる方法です（不動産の交換価値を把握する制度）。②は、不動産の収益を債権の満足に充てる方法です（不動産の収益価値を把握する制度）。

強制競売と強制管理

強制競売と強制管理は併用することもできます（民執43条１項後段）。併用することにより、強制競売により売却されるまでの間の収益を債権の満足に充てることが可能となります。すなわち、強制競売の場合、買受人が代金を取得するまでは債務者は目的不動産の使用収益が可能です（民執43条２項）から、債権者はその収益から債権の回収を受けることはできません。

これに対し、強制管理の場合、差押

えと同時に債務者の使用収益権は奪われ、収益は配当原資となります（民執93条１項）から、収益を債権の回収に回すことが可能になります。

例えば、マンションのように収益性の高い不動産については、直ちに売却するのではなく（不動産価格が下落しているときは、売却しても債権全額の回収ができないおそれがある）、強制管理により収益を上げて（つまり賃貸して賃料収入を得る）、その収益から債権の回収を図ることが可能です。これが両者を併用する実益です。

不動産執行の対象財産

(1)民法上の不動産

土地及びその定着物です（民86条１項）。未登記のものを含みます（民執規23条１号）。これは、未登記不動産については不動産登記法において差押えの登記を可能とする手続が用意されているからです（不登76条２項）。

なお、土地の定着物でありながら登記できないもの（庭石、鉄塔等）は、独立しては不動産執行の対象財産とはならず（民執43条１項カッコ書）、動

産執行の対象財産となります（民執122条1項カッコ書）。

⑵みなし不動産

　不動産の共有持分、登記された地上権・永小作権及びこれらの権利の共有持分は、不動産とみなされます（民執43条2項）。不動産の共有持分は所有権の実質を有するため、⑴と同様に未登記のものを含みます。

　地上権、永小作権及びこれらの権利の共有持分は、登記されたもののみが不動産執行の対象財産となります。

⑶特別法上のみなし不動産

　例えば、登記された立木（立木1条）、工場財団（工場抵14条1項）等に対する執行も不動産執行の方法によります。

執行裁判所

　不動産執行は、不動産の所在地を管轄する地方裁判所の、みなし不動産についてはその登記をすべき地を管轄する地方裁判所の専属管轄に属します（民執44条1項、同19条）。

ポイント

不動産執行の方法………強制競売と強制管理
不動産執行の対象財産…民法上の不動産、民事執行法上のみなし不動産、特別法上のみなし不動産

　ミニテスト

1　不動産の強制競売及び強制管理は同時に申し立てることができる。
2　土地とは別に高価な庭石だけを不動産強制競売の対象財産にすることができる。

解答　1　○　両者は、併用することができる。
　　　　2　×　庭石は動産であり、独立して不動産執行の対象財産になることはない。

017 不動産の強制競売

不動産を売ってお金に換える方法のひとつです。

Q 不動産の強制競売は、どのようにして開始されるのですか？

A 債務名義を有する債権者の申立てによって開始されます。

強制競売の開始

強制競売は、債務名義を有する債権者（「有名義債権者」といいます）の申立てによって開始されます（民執2条、同25条本文）。裁判所が職権によって強制競売を開始することはできません。この点は、当事者の申立てがないのに裁判所が職権で訴訟を開始させることができない（民訴246条「訴えなければ裁判なし」の原則）のと同じです。

申立ての要件等の審査

執行裁判所は、執行開始の要件（民執29条～31条）や申立ての要件等について審査し、申立てが適法であると認めるときは強制競売の開始決定をし、逆に不適法と認めるときは申立却下の決定をします。

この却下決定に対しては執行抗告が許されます（民執45条3項）。これに対し、開始決定に対しては、執行抗告は認められていません。したがって、債務者が開始決定に不服があるときは、執行異議の申立て（民執11条1項）をするしかありません。

強制競売の開始決定

執行裁判所は、強制競売の手続を開始するには強制競売の開始決定をし、債権者のために不動産を差し押さえる旨を宣言しなければなりません（民執45条1項）。開始決定という裁判の中に含まれる差押えの宣言によって処分制限の効果が生じることを明らかにするためです（「差押え」の意味については、018参照）。

開始決定正本の送達

開始決定がされたときは、裁判所書記官は開始決定正本を職権で債務者に送達します（民執45条2項）。一方、差押債権者に対しては、開始決定正本を送達する必要はなく、開始決定を告知すれば足ります（民執規2条2項）。

差押えの登記の嘱託

強制競売の開始決定がされたときは、裁判所書記官はその開始決定に係る差押えの登記を法務局に嘱託します（民執48条1項）。差押えの効力は、上に述べた開始決定正本の送達（民執45条2項）とこの登記とのいずれか先に

された時に生じます（民執46条1項）。

なお、実務では、開始決定正本を先に送達すると、債務者が登記名義を第三者に移転するなどの執行妨害をする危険があります（民177条の対抗問題となります）ので、開始決定正本の送達よりも先に登記の嘱託をする扱いです（登記が実行されたのを確認してから送達する）。

開始決定に付随する処分

強制競売の開始決定に係る差押えの登記が効力を生じた場合においては、裁判所書記官は、付随処分として以下の処分をします。

①配当要求の終期の決定（民執49条1項）

②開始決定がされた旨及び配当要求の終期の公告（同2項）

③債権届出の催告（同2項）

ポイント

強制競売開始決定の内容……差押えの宣言
裁判所書記官の事務、処分…❶開始決定正本の送達、❷登記の嘱託、❸付随処分

ミニテスト

1　金銭の支払いを命ずる判決が確定したときは、裁判所は請求認容額に見合った債務者の不動産を職権で差し押さえることができる。
2　不動産の強制競売の却下決定に対しては、執行抗告をすることができる。
3　不動産の強制競売の開始決定に対しては、債務者は執行抗告をすることはできない。

解答　1　×　職権による不動産強制競売は認められていない。
　　　2　○　申立債権者は、却下決定に対し執行抗告をすることができる。
　　　3　○　開始決定に対しては、執行抗告をすることはできない。

018 強制競売における差押え

不動産につき債務者の処分権を奪うものです。

> **Q** 不動産の強制競売における差押えには、どのような効力が生じますか？
>
> **A** 処分権の制限の効力が生じます。

差押えの効力

差押えの本質的効力は、目的不動産に対する債務者の処分権の制限（処分禁止）です。すなわち、強制競売は目的物の交換価値を把握する制度ですから、手続開始後はその交換価値を損なうような債務者の行為を許すことはできません。そこで、目的不動産につき債務者が有する処分権を奪う必要があります。

処分権の制限の結果、債務者は交換価値を損なう一切の処分行為（所有権の移転、担保権・用益権の設定等）を禁じられ、これに抵触する処分行為は無効です。

相対的無効

処分権の制限は、目的物の交換価値の保持に必要な限度で認めれば十分であり、処分行為を絶対的に無効とすることは行き過ぎです。例えば、差押債権者が後に強制競売の申立てを取り下げた場合を考えてみますと、処分行為の効力は当事者間では保持せしめてよいはずです。

そこで、差押え後の処分行為をもっ

て差押債権者に対抗することはできない（この点では処分行為は無効）ものの、差押債権者以外の者に対する関係では有効と解されています（この点を捉えて「相対的無効」と呼びます）。例えば、①A→Bの不動産差押え（差押えの登記）、②B→C所有権移転登記の順に進んだ場合、ＢＣ間の処分行為はＡに対する関係では無効ですが、ＢＣ間では有効です。

手続相対効

処分行為をもって対抗することのできない債権者の範囲が問題となります。すなわち、対抗することができないのは差押債権者に限られるのか、それとも執行手続に参加するすべての債権者に対して対抗できないのかという問題です。

この点につき民事執行法は、後者の立場を採用しています（民執59条2項、同87条1項4号、同84条2項等）。配当手続上生じうる疑義を回避し執行手続の迅速を期するためです（このような立場を「手続相対効説」といいます）。

例えば、上の①、②の順に進んだ設例の手続において、他の有名義債権者Eは②の処分行為を無視して配当要求をすることができます。あるいはBがCのために抵当権を設定しても、Cはそのままでは配当に与ることはできず、またその後に二重差押えをしたDに対して優先権を主張することもできません。

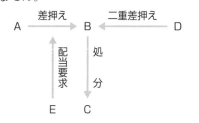

債務者の使用収益権

差押えは、目的不動産の交換価値を維持する目的でするのですから、債務者の処分権を奪うだけで十分です。したがって債務者は、差押えがされても、その換価が終了する（第三者が買受代金を執行裁判所に支払って買受人になる）までは、目的不動産を通常の用法に従って使用しまたは収益することができます（民執46条2項）。

例えば、債務者のマイホームが差し押さえられた場合、債務者は以後も買受人が所有権を取得する（民執79条）時までは、居住し続けることができます。

ポイント

不動産強制競売の開始決定（差押え）の内容
❶債務者の処分権制限の効力
❷相対的無効
❸手続相対効
❹債務者の使用収益権は奪われない

ミニテスト

1　不動産強制競売の開始決定による差押えの効力は、開始決定が債務者に送達された時に生ずるが、差押えの登記が先にされたときは、登記の時に生ずる。

2　AがBの不動産を差し押さえた後に、Bがその不動産をCに譲渡して所有権移転登記をした場合、差押えの登記がCの登記よりも先されたときは、AはCに対抗することができる。

3　2の設例において、DがCの登記に後れて配当要求をしたときは、CはDに対抗することができる。

解答　1　○
　　　　2　○　民法177条の対抗問題。
　　　　3　×　本文の手続相対効を参照。

019 債権者の競合

不動産の強制競売をめぐる債権者たちとは？

Q 不動産の強制競売の手続には、どのような債権者が登場しますか？

A 二重の競売申立債権者と配当要求債権者とが登場します。

二重開始決定

　すでに強制競売または担保権の実行としての競売の開始決定がされている不動産についてさらに強制競売の申立てがあったときは、執行裁判所は重ねて強制競売の開始決定をします（民執47条1項）。

二重開始決定を受けた債権者の地位

　二重の開始決定があっても、以後の手続が二重に進められるわけではありません。二重開始決定を受けた債権者は、その申立てが配当要求の終期までにされたものであるときは、原則として配当等を受ける地位を有します（民執87条1項1号）。

　なお、執行正本を有する債権者は、重ねて強制競売の申立てをしないで単に配当要求をすることもできます（民執51条1項）。

二重開始決定を受けるメリット

(1)当然続行

　先行の強制競売の申立てが取り下げられ、または先行の開始決定に係る手続が取り消されたときは、二重開始決定に基づいて手続が当然に続行されます（民執47条2項）。

(2)申立続行

　先行手続が停止された場合、停止事由の解消により手続が再開される余地がありますから、手続の当然続行は認められません。この場合、執行裁判所は、配当要求の終期までに強制競売の申立てをした差押債権者の申立てにより、62条1項2号に掲げる売却条件に影響がないかどうかを検討し、影響がない場合に限り後行手続を続行する旨の裁判（「続行決定」といいます）をします（民執47条6項）。

配当要求

　配当要求とは、差押債権者ではない債権者が執行機関に対して差押財産の換価代金からの弁済を求める申立てです（民執51条1項）。

平等主義と優先主義

　同一の債務者に対する金銭執行において複数の債権者が競合した場合（二重差押えもその一つ）に、差押財産の

換価代金をそれらの債権者間でどのように配分するかについては、平等主義と優先主義の対立があります。

民事執行法は、原則的には平等主義を採用しつつ、時期及び資格につき制限を設けています。

平等主義とは、執行手続の一定段階までに執行に参加したすべての債権者に、その債権額に応じて平等に満足を得させる建前です。これに対し、先に執行に着手した債権者に優先配当を認める建前を優先主義（いわば、早い者勝ち）といいます。

配当要求の終期

開始決定に係る差押えの効力が生じた場合、裁判所書記官は物件明細書の作成までに要する期間を考慮して配当要求の終期を定め（民執49条1項）、これを公告します（同2項）。

不動産の強制競売における配当要求権者

①執行力のある債務名義の正本を有する債権者（民執51条1項）
②差押えの登記後に仮差押えの登記をした仮差押債権者（同項）

なお、差押えの登記前に仮差押えの登記をしている債権者は、配当要求をするまでもなく当然に配当に与ります（民執87条1項3号）。

③一般の先取特権者（民執51条1項）

これらの債権者は、二重の競売申立てや仮差押えの登記をすることにより配当要求をすることができますが、一般の先取特権は給料のような零細な債権であり（民306条2号）、それらの債権者に債務名義や仮差押えまで要求するのは酷です。そこで、社会政策的考慮により配当要求権者とされています（民執181条1項の文書が必要）。

ポイント

不動産強制競売における債権者の競合
❶二重開始決定の申立て
❷配当要求

 ミニテスト

1　差押えの登記後に仮差押えの登記をした者は、配当に与る資格はない。
2　ガスの供給会社は、その料金につき配当要求をすることができる。

解答　1　× 差押えの登記後の仮差押債権者も配当に与り得る。
　　　　2　○ 一般の先取特権（民306条4号、同310条）者として配当要求可能。

020 売却の準備（配当要求の終期～債権届出催告）

不動産を売るための準備です（その１）。

> **Q** 差押えをした不動産は、すぐに売却することができますか？
>
> **A** いろいろな準備をする必要がありますので、すぐには売却できません。

差押不動産に関与する者の利益の調整

不動産のような重要な資産を売却するに当たっては、自己の意思に反した処分を強制される債務者、できるだけ高額での売却を希望する差押債権者、あるいは物件についての正確な情報を求める買受希望者など手続関係者の利益を調整しなければなりません（大根１本を売るのとはわけが違います）。

そこで、売却に向けたいろいろな準備が必要となります。

配当要求の終期の決定・公告

強制競売の開始決定に係る差押えの効力が生じた場合（すなわち差押えの登記がされたときまたは開始決定が債務者に送達されたときのいずれか早い時期）、裁判所書記官は物件明細書の作成までの手続に要する期間を考慮して配当要求の終期を定め（民執49条１項）、開始決定がされた旨及び配当要求の終期を公告します（同２項）。

配当要求の終期までに配当要求をするか強制競売の申立てをするかしないと、一般債権者は換価代金からの分配に与れなくなるからです。

優先債権者等に対する債権届出催告

裁判所書記官は、上記の公告をするとともに、配当要求をしなくても配当に与りうる仮差押債権者、担保権者、租税庁に対し、債権の存否・原因・額を配当要求の終期までに執行裁判所に届け出るべき旨を催告しなければなりません（民執49条２項）。これらの債権者に手続参加の機会を与えるとともに、無剰余（詳細は023参照）の判断等の参考に供する趣旨です。

すなわち、催告を受けるべき債権者のうち仮差押債権者や担保権者については、その登記された仮差押えや担保権の帰趨によっては売却条件に大きな変動が生じる可能性があります（民執59条１項～３項）。また担保権者や租税庁は、優先債権者ですから、その債権の額によっては無剰余となり、手続の取消し（民執63条）の問題が生ずる可能性もあります。

そこで、手続の安定を図るために、これらの債権者に対し強制競売手続への協力義務を課しているわけです。

債権届出の義務

　催告を受けた債権者は、手続への協力義務が課されています。すなわち、債権届出の義務を負い、故意または過失により届出を怠ったときまたは不実の届出をしたときは、よって生じた損害の賠償責任を負わされます（民執50条1項、3項）。

　ただし、届出を怠っても配当から除斥されるわけではありません。なお、債権の届出をしても被担保債権について消滅時効中断（平成29年改正前）の効果は生じません（判例）。

仮登記権利者に対する債権届出催告

　裁判所書記官は、所有権の移転に関する仮登記がされている土地等に対する強制競売または担保権の実行としての競売において配当要求の終期を定めたときは、その仮登記権利者に対しても債権届出催告をします（仮担17条1項）。

　この催告を受けた仮登記権利者は、上述の優先債権者等とは異なり、配当要求の終期までに債権の届出をしないと、配当に与ることはできないものと解されています。

ポイント

不動産の売却へ向けた準備（その1）
❶配当要求の終期の決定・公告
❷債権届出催告（優先債権者等、仮登記権利者）

ミニテスト

1　Aが1番抵当権の登記をしている場合において、この不動産に強制競売の開始決定がされたときは、裁判所書記官は、被担保債権の額を裁判所に届け出るよう、Aに催告しなければならない。

2　1において、Aが債権の届出をしないときは、Aは配当を受けることはできない。

3　1において、Aが債権の届出をしないときは、Aは損害賠償責任を負わされることがある。

解答　1　○　優先債権者に対する債権届出催告。
　　　　2　×　抵当権者は、届出を怠っても配当から除斥されるわけではない。
　　　　3　○　民執50条3項。

021 売却の準備（不動産の現況調査～不動産の評価）

不動産を売るための準備です（その２）。

> **Q** 不動産の物理的現況等を把握する方法、値段設定のための参考資料は何ですか？
>
> **A** 不動産の現況調査と不動産の評価の制度があります。

不動産の現況調査の必要性

差し押さえた不動産を適正な価額で売却するためには、その権利関係や占有状況を正確に把握する必要があり、単に登記事項証明書の記載内容を調査するだけでは不十分です。そこで執行裁判所は、不動産の物理的形状や占有関係その他の現況について執行官に調査を命じます（民執57条１項）。

現況調査のポイント

不動産の現況調査事項として実際によく問題になるのは、占有者及び占有の開始時期だといわれています。すなわち、実務では、差押えを受けた債務者が不動産を第三者に占有させ、その見返りになにがしかの金銭を受領する例が見られます。その第三者は何の目的で不動産を占有するのかといいますと、やがて買受人が登場した際に、不動産をおとなしく明け渡す見返りに買受人に相当額の立退料を要求する目論見をもっているわけです（このような第三者は「占有屋」と呼ばれています）。したがって、現況調査に当たっ

ては、このような占有屋のような第三者がいないかどうかがポイントになるといわれています。

不動産の現況調査における執行官の権限

執行官は、現況調査をするに際して次の３つの権限を行使することができます（民執57条２項）。

①不動産への立入り

②債務者やその不動産の占有者に対する質問

③それらの者への文書の提示要求

なお、執行官は、不動産に立ち入る場合、必要があれば、閉鎖した戸を開くため必要な処分をすることができます（民執57条３項）。例えば、玄関ドアに施錠されている場合、鍵屋さんを同行して解錠させることができます。

現況調査報告書

執行官は、調査の結果について報告書を作成して執行裁判所に提出します（民執規29条１項）。その写し（コピー）は、次に述べる不動産の評価書とともに一般の閲覧に供されます（民執

規31条2項）。報告書には建物内部の写真が添付されています（民執規29条3項）ので、買受希望者にとっては貴重な情報源となります。

現況調査に過誤があって、売却基準価額の決定や物件明細書の作成に重大な誤りをもたらしたとき（詳細は022参照）は、売却不許可事由となります（民執71条7号）。

不動産の評価

不動産の価額を適正に評価するため、執行裁判所は、評価人を選任し（不動産鑑定士が選任される例が多いといわれています）、不動産の評価を命じます（民執58条1項）。022で述べる売却基準価額はその評価に基づいて定められます。

評価人の権限、評価書

評価人にも、不動産への立入り、質問、文書の提示を求める権限が認められています（民執58条4項）。強制立入権はありませんが、抵抗を受けるときは執行官に対し援助を求めることができます（民執6条2項、同58条3項）。

評価人は、不動産の評価をしたときは、執行裁判所に評価書を提出します（民執規30条1項）。その写しも一般の閲覧に供されます（民執規31条2項）。

ポイント

不動産の売却へ向けた準備（その2）
❶不動産の現況調査（執行官による不動産の占有状況等の調査）
❷不動産の評価（現況調査報告書に基づく不動産の評価書）

 ミニテスト

1 執行官が強制競売の目的不動産につき現況調査をしたところ、その不動産に債務者から賃借して居住していると主張する第三者がいた場合、執行官は占有権原及び占有の開始時期を質問するために、賃貸借契約書を提示するようその第三者に求めることができる。
2 不動産の買受希望者は、現況調査報告書及び不動産の評価書の写しを閲覧することができる。

解答　1 ○ 執行官の職務権限の1つ。
　　　2 ○ 買受希望者を広く募るために認められる。

43

022 売却の準備（売却基準価額の決定〜目的不動産の内覧）

不動産の値段の付け方のルール、不動産の内部の見学について説明します。

Q 不動産の売却価額には制限がありますか？
不動産の内部は見学できますか？

A 売却基準価額の制度、目的不動産の内覧の制度があります。

売却基準価額の決定

執行裁判所は、評価人の評価に基づいて不動産の売却額の基準となるべき価額（「売却基準価額」といいます）を定めなければなりません（民執60条1項）。不動産の買受希望者が目的不動産につき買受けの申出をしようとする場合、その申出額は、売却基準価額からその10分の2相当額を控除した価額（「買受可能価額」といいます）以上でなければなりません（同3項）。

例えば、売却基準価額が1,000万円と定められた場合、800万円以上の価額でなければ買受けの申出をすることはできません。

売却基準価額の決定に対する不服申立て

売却基準価額の決定に対しては、執行異議の申立てが可能です（民執11条1項）。執行抗告の申立ては認められていません。

なお、売却基準価額の決定に重大な誤りがあるときは売却不許可事由となります（民執71条7号）。

物件明細書の作成・備置

不動産を適正価額で売却するためには、その不動産に関する権利関係、殊に買受人が引き受けるべき権利関係を予め明らかにしておく必要があります。

そのため裁判所書記官は、物件明細書を作成し（民執62条1項）、一般の閲覧に供するためにその写しを執行裁判所に備え置く等の措置を講じなければなりません（同2項）。

物件明細書の記載事項

その法定記載事項は、①不動産の表示、②売却の結果買受人が引き受けることになる質権、用益権、留置権のような権利の存在、仮処分の執行で売却により効力を失わないもの、③売却により成立する法定地上権の概要です（民執62条1項）。

物件明細書と公信力

物件明細書の記載には公信力はありません。すなわち、ある権利がそこに記載されていようと、逆に否認されて

いようと、その記載は実体上の権利関係を確定する効力を有しません。

例えば、物件明細書の記載から法定地上権が成立するものと信じて建物を買い受けたとしても、何らかの理由によって法定地上権が成立しないケースであった場合、その買受人は敷地利用権を有しないことになります。その結果、買受人が損害を被ったときは、民法上の担保責任（民568条）の問題になります。

目的不動産の内覧

任意売買の場合と同様、強制競売においても買受希望者ができる限り多く

の物件情報を得られるのが望ましいといえます。そのために、内覧の制度が設けられています。

内覧とは、買受希望者を目的物件に立ち入らせて見学させることです（民執64条の2）。

内覧の内容

内覧の制度は、具体的には以下のような内容により構成されています。

①内覧の実施命令（民執64条の2第1項本文）

②内覧の申立ての時期（同2項）

③内覧の実施（同3項、5項）

④内覧妨害者の排除（同6項）

ポイント

不動産の売却へ向けた準備（その3）
- ❶売却基準価額の決定
- ❷物件明細書の作成・備置
- ❸目的不動産の内覧

ミニテスト

1　差し押さえられた不動産の売却価額は、執行裁判所が裁量により決定する。

2　物件明細書に法定地上権が成立する旨記載されている場合において、買受人がその記載が誤りであることに善意無過失であったときは、法定地上権は成立する。

解答　1　× 買受可能価額以上でなければ売却することはできない。

　　　　2　× 物件明細書の記載には、公信力はない。

023 売却の準備（無剰余売却の禁止～地代等の代払いの許可）

目的不動産の価値が極端に低い場合にはどうするのでしょう？

Q 差押債権者が売却代金から1円も配当を受ける見込みがない場合は？

A 売却手続をそのまま進めることはできません。

無剰余売却の禁止（剰余主義）

目的不動産の価値が低く、差押債権者に配当すべき剰余金が見込めない場合、売却しても差押債権者にとって執行は無益となる可能性があります（売却しても、1円も配当を受ける見込みがない）。また、差押債権者が自己に優先する債権者を害してまで換価を求めることは一般に許されません（例えば、抵当権者は、抵当不動産が売却されてしまうと、以後の金利は失ってしまう）。このような法理を剰余主義といいます（民執63条）。

剰余主義の計算

執行裁判所は、次の①または②のいずれかに該当すると認めるときは、その旨を差押債権者に通知しなければなりません（民執63条1項）。これは、これらの場合、売却しても差押債権者は1円の債権も回収できる見込みがありませんので、無益な執行であるとして差押債権者に申立ての取下げを促す趣旨です。

①差押債権者の債権に優先する債権（優先債権）者がない場合において

買受可能額が手続費用の見込額を超えないとき

②優先債権がある場合において買受可能価額が手続費用と優先債権との見込額の合計額に満たないとき

強制競売の手続の取消し

上記の通知を受けた差押債権者は、通常、強制競売の申立てを自発的に取り下げることになりますが、取り下げない場合、執行裁判所は一定の要件の下に強制競売の手続を取り消さなければなりません（民執63条2項本文）。

一定の要件とは、条文上はかなり複雑ですが、要するに、差押債権者が目的不動産が無剰余ではないことを主張し、あるいはもし無剰余であったときは自己が買い受ける旨を保証を提供して申し出るような行動に出ない場合だといえます。

剰余主義の例外（剰余を生ずる見込みがない場合の措置）

差押債権者が、無剰余の旨の通知を受けた日から1週間以内に、無剰余ではないことを証明したとき等も、手続

の取消しを免れることが可能です（民執63条２項ただし書）。

売却のための保全処分

　執行裁判所は、債務者または不動産の占有者が価格減少行為等をするときは、差押債権者（配当要求の終期後に強制競売または競売の申立てをした者を除く）の申立てにより、買受人が代金を納付するまでの間、担保を立てさせまたは立てさせないで、一定の内容の保全処分等を命ずることができることとされています（民執55条１項柱書、同４項本文）。

地代等の代払いの許可

　借地上の建物に対し強制競売の開始決定があった場合、差押えの効力はその建物の所有を目的とする借地権に及びます（民87条２項）。しかし、債務者が地代等の支払いを怠ると、設定契約が解除されて借地権が消滅しますから、建物は収去せざるを得ず、建物の価値は結果的にほぼゼロになります（建築廃材の価値のみ残る）。

　このような事態を阻止するために、民事執行法は差押債権者が執行裁判所の許可を得て地代等を支払ったときは、その地代等は共益費用になるものとして優先配当を認め保護しています（民執56条、同55条10項）。

ポイント

不動産の売却へ向けた準備（その４）
❶無剰余売却の禁止（剰余主義）
❷剰余主義には例外がある（強気の差押債権者の保護）
❸売却のための保全処分（債務者等の自暴自棄行為を阻止する）

ミニテスト

1　差押債権者の債権に優先する債権者がない場合において買受可能額が手続費用の見込額を超えないときは、執行裁判所はその旨を差押債権者に通知しなければならない。
2　ＡがＢの借地権（賃借権）付建物を差し押さえた場合において、Ａが執行裁判所の許可を得てその地代を代払いしたときは、その費用は競売代金の中から優先配当される。

解答　１　○　剰余主義。
　　　　２　○　執行裁判所の許可を得て代払いした地代は、共益費用となる。

024 売却条件

不動産の売却に関する取決めです。

> **Q** 不動産に付いているいろいろな権利は、売却によってどうなりますか？
>
> **A** 権利の種類や内容によって、消滅するものと消滅しないものとがあります。

意　義

不動産の強制競売においては、不特定多数者による買受申出が想定されています。このため、不動産を売却する場合の要件や効力等を通常の売買のように当事者間の任意の交渉に委ねることはできませんので、これを予め明らかにしておく必要があります。このような売却の要件や効力等に関する取決めを売却条件といいます。

法定売却条件

民事執行法は、売却条件として売却基準価額、担保権・用益権等の処遇等について規定しています（法定売却条件）。ただし、担保権・用益権については、利害関係人の合意により法定売却条件と異なる売却条件を設定することが可能です（民執59条5項。特別売却条件）。

消除主義と引受主義

差押不動産の上に存在する担保権や用益権等の負担が売却によって消滅するか否かにつき消除主義と引受主義の対立があります。現行法は、消除主義による方が買受人を得やすいこと、あるいはわが国の不動産取引の実情が消除主義に馴染んでいることから、消除主義を原則としています。

抵当権、先取特権、使用収益権のない質権

これらの権利は、差押えの登記前に登記されたものであっても売却によってすべて消滅します（民執59条1項）。優先債権者の保護は、剰余主義（民執63条）によって図ります。

留置権、使用収益権のある質権

留置権及び使用収益権のある最先順位の質権は売却によって消滅せず、買受人はこれらの権利を引き受けなければなりません（民執59条4項）。留置権は、売却手続の最後の段階まで発生する可能性のある権利であるところ、優先弁済権が認められていませんから、その成立時期を問わず消滅しません。

使用収益権のある不動産質権につき引受主義が採られる根拠は、質権者の意思に基づかないで使用収益権を奪うべきではないからです。ただし、ここ

でいう不動産質権は最先順位のもので
なければなりません。「最先順位」と
は、抵当権等の消滅すべき権利や（仮）
差押えが自己より先順位に存在しない
ことを意味します（民執59条2項）。

用　益　権

　抵当権等の消滅する権利、差押え、
仮差押えに対抗しえない用益権は、売
却によって効力を失います（民執59条
2項）。たとえるならば、「道連れの理
論」（消滅する権利に後れるものは道
連れになって消滅する）です。

　これに対し、最先順位にある用益権
や使用収益権のある不動産質権は消滅
しません（一般の対抗力の問題）。

差押え、仮差押え、仮処分

　差押え・仮差押えの執行は、配当の
有無に関係なく売却によりすべて失効
します（これらは、配当のレベルで処
遇すべき手続です）。仮処分の執行も、
差押え、仮差押え、抵当権等のような
消滅すべき権利に対抗できないものは
失効します（民執59条3項）。

法定地上権

　債務者が土地及びその上にある建物
を所有する場合において、その土地ま
たは建物が差し押さえられ売却により
所有者を異にするに至ったときは、そ
の建物について地上権が設定されたも
のとみなされます（民執81条前段）。

ポイント

法定売却条件の内容（消除主義）
- ❶抵当権、先取特権、使用収益権のない質権
- ❷❶に後れる用益権
- ❸差押え、仮差押え
- ❹❶～❸に後れる仮処分

法定売却条件の内容（引受主義）
- ❶留置権及び使用収益権のある最先順位の質権
- ❷最先順位の用益権、使用収益権のある不動産質権
- ❸最先順位の仮処分

ミニテスト

1　差押え後に生じた留置権は、強制競売による売却により消滅しない。
2　Aが1番抵当権、Bが2番地上権を有する場合において、当該不動産が強制競売により売却されたときは、Aの抵当権もBの地上権も消滅する。

解答　1 ○ 留置権は常に引受主義。
　　　　　2 ○ 消除主義。

025 不動産の売却

不動産を売却する方法です。

Q 不動産はどのようにして売却されるのですか？

A 入札等の方法で売却されます。

売却の方法

　不動産の売却は、裁判所書記官の定める方法により行います（民執64条1項）。売却の方法としては、入札や競り売り等が定められています（同2項、民執規34条、同51条）。裁判所書記官は、入札または競り売りの方法により売却するときは、売却の日時及び場所を定め、執行官に売却を実施させます（民執64条3項）。

売却の場所の秩序維持

　執行官は、売却の場所の秩序維持を図るために、入札妨害や談合などを行う悪質ブローカーを売却場所から退場させまたは買受けの申出をさせないなど、入札から排除することができます（民執65条）。

買受けの申出の保証

　不動産の買受けの申出をしようとする者は、最高裁判所規則で定めるところにより、執行裁判所が定める額及び方法による保証を提供しなければなりません（民執66条）。買受け後の代金の不納付を防止する趣旨です。

　保証の額は、売却基準価額の10分の2とされています（民執規39条1項、同49条）。

最高価買受申出人

　執行官は、開札が終ったときは最高価買受申出人を定めます（民執規41条3項、同49条、同50条4項）。最高価買受申出人または買受人（最高価買受申出人は売却許可決定確定後は買受人となります）には、差押債権者の申立てに基づく売却のための保全処分と同様の保全処分が認められています（民執77条1項、2項、同55条2項、3項）。

次順位買受申出制

　最高価買受申出人に次ぐ高額の買受けの申出をした者は、その申出額が買受可能価額以上で、かつ最高価買受申出人の申出額からその申出保証額を控除した額以上である場合に限り、売却の実施の終了までに執行官に対して次順位買受けの申出をすることができます（民執67条）。

　次順位買受申出制は、売却の実効性

を確保し再売却による手続の遅延を回避する制度です。すなわち、買受人が代金を納付しないときは売却許可決定は失効し（民執80条1項前段）、代わりに次順位買受申出人が売却許可決定を受ける地位につきます（同2項）。

債務者の買受申出の禁止

債務者は、買受けの申出人にはなれません（民執68条）。すなわち、適法な買受人となる資格を有しません（民執71条2号）。買受けの申出をする資力があるのであれば、執行債権の弁済をせよというわけです。この趣旨から、実質的には債務者が資金を出して第三者に買受けの申出をさせた場合、売却は許可されません（民執71条3号）。

本条は、担保不動産競売にも準用されます（民執188条）。したがって、その競売手続における債務者は、買受けの申出をすることはできません。なお、債務者でない物上保証人や第三取得者（民390条）については、この制限はありません。

暴力団員等による買受けの申出の禁止等

買受けの申出希望者の暴力団員等に該当しないことの陳述義務（民執65条の2）。裁判所の警察への照会義務（民執68条の4）。⇒民執71条5号

ポイント

① 売却の方法＝入札、競り売り等
② 買受けの申出には売却基準価額の2割の保証
③ 次順位買受申出制＝最高価買受申出人の補欠（一定の要件あり）
④ 債務者の買受申出の禁止

1 最高価買受申出人に次ぐ高額で買受けの申出をした者は、その申出額が買受可能価額に満たないときでも、売却許可決定を受けうる地位につく。
2 不動産の強制競売において、債務者は資金にゆとりがあるときは、その不動産を自ら買い受けることができる。

解答 1 × 次順位買受申出人となるには、買受申出の額に一定の制限がある。
2 × 債務者は買受申出が禁止される。

026 不動産の売却の許否の手続

不動産の買受人になるための資格とは？

Q 不動産は誰でも買い受けることができますか？

A 一定の者は買受人にはなれません。

売却決定期日

執行官による売却の実施が終了したときは、執行裁判所は、売却決定期日を開いて売却の許可または不許可の言渡しをしなければなりません（民執69条）。この売却の許否の決定の手続では、強制競売開始決定から売却までの手続全体について、適法か否かが調査されます。調査の範囲は、法定の売却不許可事由（民執71条各号）の存否に限られます。

売却の許可・不許可

調査の結果、売却不許可事由が存在しないときは売却を許可し、逆に存在するときは売却を不許可としてあらためて売却手続を進めます。つまり、執行裁判所は売却の許可または不許可の裁判をするにつき裁量権を有しません。

売却決定期日においては、利害関係人は売却不許可事由で自己の権利に影響のあるものについて意見を陳述することができます（民執70条）。

売却不許可事由（民執71条）

①強制競売の手続を開始または続行すべきでないこと（1号）

執行開始の要件の欠缺、執行停止事由、執行取消事由がある場合です。

②最高価買受申出人が買受資格等を有しないこと（2号）

例えば、債務者が買受けの申出をしていたような場合がこれに当たります（民執68条参照）。

③最高価買受申出人が無資格者のために買受けの申出をした場合（3号）

例えば、最高価買受申出人が債務者の買受資金により申出をしていたような場合がこれに当たります。

④悪質な行為者や代金不納付者の関与した買受けの申出（4号）

これは、例えば入札妨害や談合等を行う悪質ブローカー等に買受けを認めない趣旨です。

⑤暴力団員等による買受けの申出（5号）

⑥不動産の損傷による売却不許可の申出（6号）

損傷前の不動産の状態に基づく売却基準価額での売却は不当ですから、再

評価の上、売却基準価額を変更して（民執60条2項）、売却をし直させる趣旨です。

⑦売却基準価額等の決定等の手続に重大な誤りがあること（7号）

⑧その他、売却手続に重大な誤りがあること（8号）

超過売却となる場合の措置

　数個の不動産を売却した場合に、あるものの買受申出額をもって全債権及び執行費用を弁済しうる見込みがあるときは、他の不動産についての売却許可決定は留保しなければなりません（民執73条1項）。ある不動産を売却することにより全債権者の満足が図れるのであれば、他の不動産をさらに売却する（「超過売却」といいます）ことは無用ですから、この無用の売却によって債務者に無用の負担を強いるのは妥当でないという趣旨です。

　この趣旨を敷衍させ、全債権者を満足させる見込みがある不動産が数個あるときは、売却を許可すべき不動産について予め債務者の意見を聴かなければなりません（民執73条2項）。

最高価買受申出人らの地位

　上述の超過売却の場合において、売却許可決定が留保されたときは、不動産の最高価買受申出人または次順位買受申出人は、不安定な地位におかれることになりますから、これらの者は買受けの申出を取り消すことができることとされています（民執73条3項）。

執行抗告

　売却の許可・不許可の決定により自己の権利が害されることを主張する者は、その決定に対して執行抗告をすることができます（民執74条1項）。抗告理由は、売却不許可事由（民執71条各号）が存在すること等です（民執74条2項）。

ポイント

❶売却不許可事由は法定されている。
❷売却不許可事由がない場合、売却は許可され、これがある場合は許可されない。
❸超過売却となる場合、他の不動産についての売却許可決定は留保される。

ミニテスト

1　最高価買受出人が債務者であることが判明した場合、売却は許可されない。

2　不動産甲、乙が売却された場合において、甲の買受申出額をもって全債権及び執行費用を弁済しうる見込みがあるときは、乙についての売却許可決定は留保される。

解答　1　○　売却不許可事由に該当する。
　　　　2　○　超過売却の禁止。

027 不動産の買受代金の納付

不動産を買った人が裁判所に代金を納めることです。

Q 不動産の買受代金を納付すると、どのような効果が生じますか？

A その不動産を取得します。

代金の納付

売却許可決定が確定したときは、買受人は裁判所書記官が定める期限までに代金を執行裁判所に納付しなければなりません（民執78条1項）。買受申出の保証として提供していた金銭（民執66条）等は、代金に充当されます（民執78条2項）。

差額納付

配当等を受けるべき債権者が買受人となったとき（例えば、差押債権者が自ら買い受けた場合）は、売却許可決定が確定するまでに執行裁判所に申し出て、その受けるべき配当等の額を控除して代金を配当期日または弁済金の交付の日に納付することができます（民執78条4項本文）。

不動産の取得

買受人は代金を納付した時に不動産を取得します（民執79条）。「不動産」とは所有権のほか、登記された地上権等をも含めた表現です（不動産執行の対象財産は、所有権、登記された地上権・永小作権）。危険負担も同時に買受人に移ります（民執75条1項本文）。

この不動産取得の効果は、執行債権が存在しないときでも影響を受けません。その理由は、執行債権が存在しない場合、債務者は請求異議の訴え等により執行の停止・取消しを求め得る機会があったのにこれを行使しなかったからです（いわゆる失権効）。

しかし、不動産が債務者の所有でなかったときは、買受人はこれを取得することはできません（強制競売には公信力はない）。なお、不動産の種類・品質に関する不適合責任については、競売への適用が排除されます（民568条4項）。

登記の嘱託

買受人が代金を納付したときは、裁判所書記官は、買受人への所有権移転登記、売却により消滅または失効した担保権、差押え等の登記の抹消を嘱託します（民執82条1項、同59条1項〜3項）。なお、この登記の嘱託は買受人保護のために認められた制度ですから、これらに要する登録免許税等は買受人の負担です（民執82条4項）。

登記の嘱託に関する特例

買受人及び買受人の不動産に抵当権を設定しようとする者が代金納付の時までに申出をしたときは、上述の登記の嘱託は司法書士等で申出人の指定するものに嘱託情報を提供して登記所に提供させる方法によってされます（民執82条2項前段）。

これは、実務の要請に応えた特例です。自己資金を有しない者が不動産を購入するためには資金を借り入れる必要がありますが、そのためには担保を提供するのが普通です。そこで、購入資金を担保するために買受不動産に抵当権設定登記をしたいときは、この申出をすることにより所有権移転（これは嘱託）登記と抵当権設定登記とを連件で申請することができます。

不動産引渡命令

買受けにより不動産を取得した者は、その重要な効果の一つとして不動産引渡命令の申立てをすることができます（これについては、028参照）。

代金不納付の効果

買受人が代金を納付しないときは、同人に対する売却許可決定はその効力を失い、提供していた買受申出の保証は没収されます（民執80条1項）。没収された保証は、売却代金に組み入れられ（民執86条1項3号）、配当原資になります。

売却許可決定が失効すると、執行裁判所は、再売却の手続をとるか、次順位買受けの申出があるときは売却決定期日を開いてその申出について売却の許可または不許可の決定をしなければなりません（民執80条2項）。

ポイント

代金納付の効果
❶代金を納付した時に不動産を取得する。
❷登記（所有権移転、消滅または失効した担保権・差押え等の抹消）の嘱託がされる。
❸不動産引渡命令の申立権が認められる。

ミニテスト

1 買受人は、売却許可決定が確定した時に不動産を取得する。
2 不動産の強制競売において、執行債権が存在しなかったことが代金を納付した後に判明した場合、買受人は不動産を取得することはできない。

解答 1 × 不動産を取得するのは、代金を納付した時。
2 × 強制競売でも民執184条と同じ効果が認められる。

028 不動産引渡命令

買い受けた不動産に居座る者を追い出す方法です。

Q 不動産引渡命令とは何ですか？

A 不動産の占有者を簡略な手続により追い出す方法です。

不動産引渡命令

買受人は、代金を納付すると不動産を取得します（民執79条）から、債務者等の占有者がこれを任意に引き渡さないときは不動産引渡請求訴訟を提起し、その勝訴の確定判決に基づいて引渡しの強制執行（民執168条1項）をすることができます。しかし、そのような通常の手続には時間と費用とがかかります。高価な買い物をした買受人としては、より簡易な救済手段が認められていいはずです。また、買受希望者を広く募るためにも、不動産の引渡しを簡易迅速に実現する制度が求められます。そこで、不動産引渡命令の制度が認められています（いわば、執行裁判所によるアフターサービスです）。

引渡命令の申立権者

申立権者は、買受人及びその一般承継人です（民執83条1項）。買受人の特定承継人（例えば、所有権の譲受人）は、買受人の地位を承継したわけではないと解されていますので、申立権を認められていません。つまり、特定承継があった場合も、執行手続上は

依然として買受人が引渡命令の申立権を有しているものと解されています。

なお、買受人の特定承継人は、承継執行文の付与（民執27条2項）を得れば引渡執行の申立て（民執168条1項）をすることは可能です。

引渡命令の相手方

申立ての相手方は、債務者または不動産の占有者です。差押え前からの占有者か差押え後の占有者かを問わず、買受人に対抗することができる占有者を除き引渡命令を発令することができます（民執83条1項）。すなわち、事件の記録上買受人に対抗することができると認められる占有者だけが相手方から除外され、占有権原が明らかでない場合にも引渡命令は発令されます。

引渡命令の発令手続

引渡命令の申立ては、代金を納付した日から6か月以内にしなければなりません（民執83条2項）。相手方が引渡命令を受けるべき者であるかどうかは、執行裁判所が事件の執行記録（現況調査報告書等）のみに基づいて調査

します。

なお、上記の6か月の期間要件については特例があります。すなわち、民法395条1項の抵当建物使用者が占有していた建物の買受人にあっては、9か月以内と延長されています。抵当建物使用者が買受人の買受けの時から6か月以内は明渡しの猶予を認められることから、均衡上、買受人にも引渡命令の申立期間を延長する趣旨です。

必要的審尋

債務者以外の占有者に対して引渡命令を発するには、事件の記録上その者が買受人に対抗することができる権原により占有しているものでないことが明らかであるとき、またはすでにその者を審尋しているときを除いて、これを審尋しなければなりません（民執83条3項）。

引渡命令の拒否の決定に対しては、執行抗告をすることができます（同4項）。

引渡命令の効力

引渡命令が確定すると債務名義になり（民執22条3号、同83条4項）、買受人は不動産の明渡しの強制執行（民執168条1項）をすることができます。しかし、引渡命令には既判力は生じませんから、引渡命令の相手方は、買受人に対抗しうる権原を有することを理由として請求異議の訴え（民執35条1項前段）を提起することができます。

ポイント

不動産引渡命令
❶代金を納付した買受人のために簡易な明渡請求を認める制度
❷引渡命令の相手方は、債務者または不動産の占有者
❸確定した引渡命令は債務名義になる。

📄 ミニテスト ……………………………………………………

1　差押えの前に対抗力を備えた建物賃借人に対しては、引渡命令を発することはできない。

2　不動産引渡命令が確定したときは、買受人はこれを債務名義として、占有者に対し明渡しの強制執行をすることができる。

3　不動産の買受人は、不動産引渡命令の申立てをすることができる期間内は、当該不動産の占有者に対し所有権に基づく明渡請求訴訟を提起することはできない。

解答　1　○　引渡命令は、買受人に対抗できる占有者に対しては発令できない。
　　　　2　○　確定した引渡命令は債務名義になる。
　　　　3　×　不動産引渡命令にはそのような制限はない。

029 強制競売の停止・取消し、申立ての取下げ

強制競売の停止等が認められるタイミングとは？

Q 不動産強制競売の停止・取消しや申立ての取下げには制限がありますか？

A 時期によって制限があります。

停止・取消文書の提出、申立ての取下げ

強制競売の停止・取消しあるいは申立ての取下げを考えるに当たっては、売却の実施前においては債権者と債務者の利益のみを考慮すれば足りますが、売却の実施後は買受申出人等の第三者が登場してきますから、これらの者の間の利益を調整する必要性が生じます。

この点、民事執行法は、停止文書の提出時期に応じてその効果に差異を設け、あるいは申立ての取下げに制限を設けています。

一時停止文書の提出

①売却の実施の終了〜売却決定期日の終了

売却の実施の終了（最高価買受申出人、次順位買受申出人が出現した段階）から売却決定期日の終了までの間に執行の一時停止文書（民執39条1項7号）が提出された場合、他の事由により売却不許可決定をするときを除き期日を開くことはできません（民執72条1項前段）。この場合、不安定な地位に置かれる最高価買受申出人及び次順位買受申出人は、買受けの申出を取り消すことができます（同後段）。

②売却決定期日の終了後

売却決定期日の終了後は、すでに買受人が定まっているため、一時停止文書が提出されても原則として執行は停止されません。すなわち、その期日にされた売却許可決定が取り消されもしくは失効したとき、またはその期日にされた売却不許可決定が確定したときに限って停止します（民執72条2項）。

売却の実施の終了後の弁済受領・猶予文書の提出

売却の実施終了後に弁済受領・猶予文書が提出されても、原則として執行は停止されません（民執72条3項）。

代金の納付後の停止・取消し

代金を納付すると、買受人は不動産を取得します（民執79条）から、以後はもはや強制競売の停止・取消しという問題は生じません。ただ、停止・取消事由のある債権者に対する配当等について一定の影響が考えられます（民執84条3項、4項）。

買受申出後の強制競売の 申立ての取下げ

　買受けの申出後に強制競売の申立てを取り下げるには、最高価買受申出人または買受人及び次順位買受申出人の同意を得なければなりません（民執76条1項本文）。ただし、申立てを取り下げても最高価買受申出人等の利益を害しない場合、同意は不要です。

　すなわち、二重開始決定がされている場合、先行事件が取り下げられても後行事件が当然に続行され（民執47条2項）、この場合に売却条件に変更がなければ手続はそのまま続行され最高価買受申出人等の利益を害しませんから、その同意は不要です（民執76条1項ただし書）。

ポイント

強制競売の停止・取消し、申立ての取下げの時期的制限
❶一時停止文書の提出／売却の実施の終了～売却決定期日の終了
　原則として売却決定期日を開くことはできない。
❷一時停止文書の提出／売却決定期日の終了後
　原則として執行は停止されない。
❸売却の実施の終了後の弁済受領・猶予文書の提出
　原則として執行は停止されない。
❹代金の納付後の停止・取消し
　停止・取消しという問題は生じない。
❺買受申出後の強制競売の申立ての取下げ
　原則として最高価買受申出人または買受人及び次順位買受申出人の同意を要する。

 ミニテスト

1　売却の実施の終了後に執行の一時停止文書が提出された場合、最高価買受申出人は買受けの申出を取り消すことができる。
2　不動産の強制競売の申立債権者は、最高価買受申出人または買受人及び次順位買受申出人の同意を得たときは、申立てを取り下げることができる。

解答　1　○　不安定な地位に置かれる最高価買受申出人の保護。
　　　　2　○　第三者の利益を申立人の一存で奪うことは許されない。

030 配当等の手続

債権を不動産の売却代金から回収する手続が配当等です。

Q 配当等を受けるのは、どのような債権者ですか？

A 差押債権者、配当要求債権者、担保権者等です。

売却代金を分配する方法

買受人が代金を納付すると、執行裁判所はこれを一定範囲の債権者に分配します。その手続には配当と弁済金の交付との2つの方法があります（民執84条1項、2項）、民事執行法はこれを「配当等」の実施と称しています（同3項）。

売却代金

配当等に充てられる金銭は売却代金から執行費用を弁済した額ですが、売却代金とは、①買受人が納付した代金、②無剰余の場合の保証（民執63条2項2号）、③代金不納付により没取された保証（民執80条1項後段）から構成されます（民執86条1項）。

配当等を受けるべき債権者

①差押債権者（民執87条1項1号）

最初の差押債権者だけでなく、配当要求の終期までに強制競売（二重開始決定）または一般の先取特権の実行としての競売の申立てをした者も含まれます。なお、強制管理の申立債権者（民執93条1項）はここでいう差押債

権者には含まれませんので、配当等に与るためには、配当要求をする必要があります（民執51条1項）。

②配当要求債権者（民執87条1項2号）

配当要求の終期までに配当要求をした債権者です。すなわち、有名義債権者、競売開始決定後の仮差押債権者及び一般の先取特権を有することを民事執行法181条1項各号に掲げる文書により証明した債権者は、配当要求をすることにより配当に与ることができます（民執51条1項参照）。

③仮差押債権者（民執87条1項3号）

最初の強制競売の開始決定に係る差押えの登記前に登記された仮差押債権者は、配当要求をするまでもなく当然に配当等に与ることができます。これに対し、差押えの登記後の仮差押債権者は、②の配当要求債権者として配当要求をしたうえで配当等を受けるしかありません。

④担保権を有する債権者（民執87条1項4号）

差押えの登記前に登記された担保権で売却により消滅するものを有する債

権者（その抵当権に係る抵当証券の所持人を含む）は、配当要求をするまでもなく当然に配当等に与ることができます。

ここにいう担保権には、一般の仮登記や処分禁止の仮処分に基づく保全仮登記（民保53条2項）に係るものや担保仮登記（仮担13条1項、同17条1項、2項）に係るものを含みます。

⑤仮差押えの登記後の担保権者

差押えの登記前に登記された担保権を有する債権者であっても、その担保権の登記が差押えの登記に先立って登記された仮差押えの登記後にされたものである場合、仮差押債権者が本案訴訟で敗訴しまたは仮差押えが失効したときに限って配当等を受けることがで

きます（民執87条2項）。

代金納付後の執行停止・取消文書の提出

買受人の代金納付後に執行取消文書（民執39条1項1号〜6号）が提出された場合、もはや強制競売を取り消すことはできませんが、取消事由のある債権者に配当等を実施することはできません。

この場合、他に配当等を受けるべき債権者があるときは、その債権者のために配当等を実施し（民執84条3項）、債権者がないときは売却代金は債務者に交付します（いわば、不動産の売却代金から執行債権や執行費用を控除したお釣りです）。

ポイント

売却代金を分配する方法……❶配当、❷弁済金の交付
売却代金の構成……………❶買受人が納付した代金、❷無剰余の場合の保証、❸代金不納付により没取された保証
配当等を受けるべき債権者…❶差押債権者、❷配当要求債権者、❸仮差押債権者、❹担保債権者

ミニテスト

1 最初の強制競売の開始決定に係る差押えの登記前に登記された仮差押債権者は、配当要求をするまでもなく当然に配当を受ける。

2 Aが不動産を差し押さえた後に、Bがその不動産に抵当権を設定して登記をした場合、Bは配当を受けることはできない。

解答 1 ○ 差押債権者に優先する債権者。
2 ○ 差押えの処分制限効。

031 配当等の実施

売却代金を具体的に分配する方法とは？

Q 弁済金の交付や配当は、どのようにして実施されますか？

A 配当表等の計算書を作成して実施されます。

弁済金の交付

弁済を受けるべき債権者が１人である場合、または債権者が２人以上であっても売却代金をもって全債権を弁済することができる場合、弁済を受けうる額について債権者間に争いが生ずる余地はなく、とくに厳格な手続で処理する必要はありません。

この場合、執行裁判所は弁済金の交付の日を定め、裁判所書記官は各債権者に元本等の債権及び執行費用の額を計算した計算書を提出させます（民執規59条１項、同60条）。この計算書に基づいて売却代金の交付計算書を作成して債権者に弁済金を交付し、なお剰余金があればお釣りとしてこれを債務者に交付します（民執84条２項）。

配当表に基づく配当

債権者が２人以上であって売却代金をもって全債権を弁済することができない場合、執行裁判所は配当表に基づいて配当を実施しなければなりません（民執84条１項）。

期限付債権の配当、中間利息の控除

配当期日までに確定期限が到来していない債権は、配当期日に弁済期が到来したものとみなされます（民執88条１項）。これは、いわば繰上げ弁済ですが、配当を進めるためにはやむを得ないことです（全債権につき期限が到来しなければ配当できないという結論は不合理です）。

その債権が利息付であれば、配当期日までの利息が配当されます（以後の利息は打ち切り）。これに対し、その債権が無利息であるときは、元本全額を配当等の額としたのでは利息付債権との均衡を失します。

そこで、この場合、本来の確定期限の到来時に元本となるべき金額から配当期日以降期限までの法定利率による利息を控除して、配当等の額が決められます（民執88条２項）。

配当期日

代金が納付されると、執行裁判所は納付の日から原則として１か月以内の日に配当期日を定め（民執規59条１項、２項）、配当を受けるべき債権者

及び債務者を呼び出さなければなりません（民執85条3項）。

べることができる書証の取調べをすることができます（民執85条4項）。

配当すべき金額等の決定

執行裁判所は、配当期日において、配当を受けるべき各債権者について、その債権の元本及び利息等の債権の額、執行費用の額並びに配当の順位及び額を定めます（民執85条1項本文）。ただし、配当期日において全債権者間で別段の合意が成立した場合にはその合意によります（同ただし書）。

審尋、書証の取調べ

執行裁判所は、配当期日において、配当すべき金額や順位等を定めるため必要があるときは、出頭した債権者及び債務者を審尋し、かつ即時に取り調

配当表の作成

配当すべき金額や順位等が定められたときは、裁判所書記官は、配当期日において配当表を作成しなければなりません（民執85条5項）。配当表には、売却代金の額及び配当すべき金額や順位等の執行裁判所が定めた内容が記載されます（同6項）。

配当金の交付

執行裁判所は、配当異議の申出（**032**参照）のない部分に限り配当を実施しなければなりません（民執89条2項）。売却代金の交付の手続は、裁判所書記官が行います（民執規61条）。

第3編 不動産執行

ポイント

弁済金の交付…交付計算書に基づいて弁済金を交付（平和な分配）
配当…………配当表に基づいて配当（序列のある分配）

1 弁済を受けるべき債権者が2人以上であって、売却代金をもって全債権を弁済することができる場合であっても、配当表に基づいて配当しなければならない。
2 配当期日には、配当を受けるべき債権者のほか債務者も呼び出さなければならない。

解答 1 × 交付計算書に基づいて弁済金を交付すれば足りる。
2 ○ 配当に関する不服の申立て（**032**参照）の機会を与えるため。

032 配当に関する不服の申立て

配当をめぐるトラブルもあります。

Q 配当の手続に不服がある場合、どのような救済手段がありますか？

A 配当異議の申出をして、訴えを提起することができます。

配当異議の申出

配当表に記載された各債権者の債権または配当の額について実体上の不服のある債権者及び債務者は、配当期日において異議の申出をすることができます（民執89条1項）。ただ、この申出をしただけでは不服の申立てとして完結するわけではなく、訴訟によって貫徹しなければなりません。その訴訟とは、配当異議の訴えと請求異議の訴えです。

なお、配当表の作成に関する手続上の瑕疵については、執行異議の申立て（民執11条）による救済が可能です。

配当異議の訴え

配当異議の申出をした債権者及び無名義債権者（債務名義を有しない債権者）に対して配当異議の申出をした債務者は、それぞれ配当異議の訴えを提起しなければなりません（民執90条1項）。

配当異議の訴えの手続

管轄は、執行裁判所の専属管轄です（民執90条2項、同19条）。原告は異議申出人、被告はその異議の相手方債権者です。原告が最初の口頭弁論期日に出頭しないときは、その責めに帰すことができない事由による場合を除き、訴えは却下されます（民執90条3項）。これは、訴訟追行の熱意を欠く原告により配当手続の迅速な実施が阻害されることを防止する趣旨です。

配当異議の訴えの異議事由

被告の債権あるいは担保権の不存在・順位の劣後等の実体上の事由のほか、手続上の瑕疵（例えば、配当要求の不適式）など、配当表を変更すべき一切の事由が含まれるものと解されています。

配当異議の訴えの請求認容判決

配当異議の訴えにおける請求認容判決では、その主文において、配当表を変更し、またはその変更ができないとき（例えば、配当異議の訴えが競合するとき）は、新たな配当表を調製するために配当表を取り消さなければなりません（民執90条4項）。

請求異議の訴え

有名義債権者に対して配当異議の申出をした債務者は、請求異議の訴えまたは確定判決変更の訴え（民訴117条）を提起しなければなりません（民執90条5項）。

請求異議の訴えによる
配当異議の申出の完結

請求異議の訴えにおいて原告である債務者が勝訴すると、供託の事由（民執91条1項7号）が消滅しますので、執行裁判所は供託金について配当等を実施します（民執92条1項）。

異議申出の取下げの擬制

配当異議の申出をした債権者または債務者が、配当異議の訴えや請求異議の訴え等を提起したことの証明等を配当期日から1週間以内にしないときは、配当異議の申出は取り下げたものとみなされます（民執90条6項）。

逆に、これらの証明等があった場合、配当異議の申出をされた債権者に対する配当額は供託され（民執91条1項7号、3号）、配当は訴訟の確定をまって実施されます（民執92条1項）。

ポイント

配当に関する不服の申立て…配当異議の申出　＋　訴えによる貫徹
この場合の訴え………………配当異議の訴え、請求異議の訴え（または民訴117
　　　　　　　　　　　　　　条1項の訴え）

 ミニテスト

1　配当表に記載された債権者の債権について実体上の不服のある債務者は、配当期日において異議の申出をすることができる。
2　1の債権者が債務名義を有しないものであるときは、異議の申出をした債務者は、請求異議の訴えを提起しなければならない。

解答　1　○　債務者も異議の申出をすることができる。
　　　　2　×　配当異議の申出をした債務者が無名義債権者に対して提起する訴えは、配当異議の訴え。

033 配当等留保供託等

債権者側に配当金をすんなり受領できない事情がある場合の処理です。

Q 配当金等を交付できない事情がある場合、その金銭はどうするのですか？

A 供託して、以後の手続を待ちます。

配当等留保供託

配当等を受けるべき債権者の債権について以下の①ないし⑦の事由があるときは、直ちに配当等を実施することはできません。そこで、そのような場合、配当等の額に相当する金銭は弁済受領の要件を具備するまで供託されます（民執91条1項）。この供託は、配当等留保供託と呼ばれます。

①停止条件付または不確定期限付であるとき（民執91条1項1号）

②仮差押債権者の債権であるとき（同2号）

③執行停止の裁判の正本等が提出されているとき（同3号）

④その債権に係る担保権の実行禁止の裁判の正本が提出されているとき（同4号）

⑤その債権に係る担保権につき（保全）仮登記がされたものであるとき（同5号）

本号の定めは重要ですので、あらためて後述します。

⑥仮差押え等の登記後に登記された先取特権等があるとき（同6号）

これらの担保権の債権者は、その仮差押えまたは差押えの執行が解けない限り配当等に与えることはできません（民執87条2項）ので、その未確定の配当額を供託することとされたわけです。

⑦配当異議の訴えが提起されたとき（民執91条1項7号）

担保権付債権に（保全）仮登記がされたものであるとき

差押えの登記前に登記された先取特権等によって担保される債権を有する債権者は配当等に与えることができます（民執87条1項4号）が、それらの登記が仮登記や保全仮登記（民保53条2項）である場合、そのままでは他の債権者に対抗することはできません（これらの登記の効力は順位保全効のみ）。そこで、これらの債権者に対して配当すべき額に相当する金銭は供託すべきこととされています（民執91条1項5号）。

なお、仮登記抵当権については、売却により仮登記は抹消されているはずです（民執82条1項2号、同59条1項）から、本登記請求ができなくなる

ことはいうまでもないことです。この場合、実務では、かつて存在した（保全）仮登記につき本登記をするに必要な条件が備わったとき（例えば、配当金交付請求権の存在確認訴訟において勝訴判決を得た場合）は、その債権者に対する配当等が可能となるという扱いです。

配当等留保供託の性質、供託金の払渡しの時期

この供託の性質は、実務では執行供託と解されています。そこで、供託金の払渡しは執行裁判所による配当等の実施としての支払委託に基づいてされます（昭和55.9.6民四第5333号執行通達）。

この供託の供託金は、その供託事由が消滅したときに交付されます（民執92条1項）。

不出頭供託

配当等留保供託の事由がないにもかかわらず債権者（知れていない抵当証券の所持人を含む）が配当等の受領のために執行裁判所に出頭しないときは、裁判所書記官はその債権者に対する配当等の額に相当する金銭を供託しなければなりません（民執91条2項）。この不出頭供託の性質は弁済供託と解されていて、供託金の払渡しは債権者の供託所に対する還付請求によります（前掲執行通達）。

剰余金の供託

債務者が剰余金を受けるべき場合において、その受領のために執行裁判所に出頭しないときは、裁判所書記官はその剰余金に相当する金銭につき民法494条の弁済供託をします（実務）。

ポイント

配当金等を直ちに交付できない場合の供託
❶配当等留保供託
❷債権者の不出頭供託（弁済供託）
❸債務者に対する剰余金の供託（弁済供託）

ミニテスト

1 配当を受けるべき債権者の債権が仮差押債権者の債権である場合、その債権者に配当すべき金銭は供託される。
2 債務者が剰余金を受けるべき場合において、債務者がその受領のために執行裁判所に出頭しない場合、その金銭は没収される。

解答 1 ○ 配当等留保供託。
2 × 弁済供託（実務）。

034 強制管理の開始

不動産を売却しないで賃貸等により収益を上げることです。

Q 強制管理は、強制競売とどのような点が違いますか？

A 目的不動産を売却しないで、管理する点で本質的に違います。

意　義

　強制管理は、債務者の不動産を管理・収益し、その収益をもって金銭債権の満足に充てる強制執行です。例えば、賃貸マンションを差し押さえてその賃料収取権を債務者から奪い、賃料（収益）を配当等に充てる場合が典型例です。不動産から生ずる収益（天然果実、法定果実）に対しては、動産執行や債権執行のような個別的な強制執行をすることもできますが、強制管理は不動産の有する収益価値に注目して、これを包括的に執行の対象とする（いわば大型の手続です）点に特色があります。

強制競売との併用

　強制管理は、強制競売と併用することができます（民執43条１項後段）。両者を併用する場合、強制競売によって債務者が所有権を喪失する時（民執79条）まで強制管理をすることができます。

　併用するメリットは、債務者は差押えと同時に収益の収取権を失いますので、反面、債権者はこれを配当原資に

しうる点です（強制競売では、買受人が不動産を取得する時までは債務者がこれを取得します。民執46条２項）。

強制管理の目的となる収益

　強制管理の目的となる収益は、債務者の不動産から生ずる収益（天然果実、法定果実）です。すなわち、開始決定の効力が発生した後に収穫すべき天然果実及びすでに弁済期が到来しているかまたは後に弁済期が到来すべき法定果実です（民執93条２項）。

強制競売の規定の準用

　強制管理には、不動産執行としての共通性から強制競売の規定の多くが準用されます（民執111条）。ただ、強制管理においては不動産の売却が行われないため、売却に関する規定は準用されません。なお、後述のとおり、執行裁判所から選任された管理人は天然果実を換価する権限を有します（民執95条１項）が、この換価は管理人の任意の手続によって行われます。

強制管理の開始決定

強制管理の開始決定においては、債権者のために不動産を差し押さえる旨を宣言するとともに、債務者に対し収益の処分を禁止し、債務者が目的不動産につき賃料債権その他の給付請求権を有するときは、債務者に対してその給付義務を負う者（賃借人のような給付義務者）に対しその給付の目的物を管理人に交付すべき旨を命じます（民執93条1項）。開始決定正本は、債務者及び給付義務者に送達しなければなりません（民執93条3項）。また、裁判所書記官は開始決定がされたときは直ちにその開始決定に係る差押えの登記を嘱託しなければなりません（民執111条、同48条1項）。

開始決定の効力

開始決定により、債務者に対する関係では不動産の処分禁止効及びその収益の処分禁止効が、また給付義務者に対する関係では給付の目的物を管理人に交付すべき義務が生じます。給付義務者に対する開始決定の効力は、その決定正本が給付義務者に対して送達された時に生じ（民執93条4項）、債務者に対する差押えの効力は開始決定正本が債務者に送達された時または差押えの登記がされた時のいずれか早い時に生じます（民執111条、同46条1項）。

執行抗告

強制管理の申立てについての裁判に対しては、執行抗告をすることができます（民執93条5項）。すなわち、開始決定及び申立却下決定のいずれに対しても執行抗告は認められます（民執45条3項参照）。

ポイント

強制管理⇒債務者の不動産を管理・収益し、その収益を金銭債権の満足に充てる強制執行

開始決定⇒対債務者では不動産の処分禁止効とその収益の処分禁止効、対給付義務者では給付の目的物を管理人に交付すべき義務

ミニテスト

1 強制管理の開始決定においては、強制競売とは異なり、債権者のために不動産を差し押さえる旨の宣言はしない。

2 AがBの所有する賃貸用ビルに強制管理の申立てをし、開始決定があった場合、そのビルの賃借人Cは、以後の賃料を管理人に支払わなければならない。

解答 1 × 強制競売と同様に差押えをする。

2 ○ 強制管理の中心的な効力。

035 強制管理の実施

実際に収益を上げて分配します。

> **Q** 強制管理はどのように実施され、また収益はどのように分配されますか？
>
> **A** 管理人は、善管注意義務をもって不動産を通常の用法に従って管理し、収益を上げます。収益は期間を区切って分配されます。

管理人の選任、法的地位

執行裁判所は、強制管理の開始決定と同時に管理人を選任します（民執94条1項）。管理人には、信託会社、銀行その他の法人を選任することもできます（同2項）。管理人は、1人に限られません（民執95条3項、4項）。管理人は、不動産の管理、収益の収取・換価をする権限を有し（民執95条1項）、債権者間の協議が調えば配当等を実施することもできます（民執107条3項）。

管理人による不動産の管理等

管理人は、善管注意義務をもって不動産を通常の用法に従って管理し、収益を上げ、収穫したものを換価（賃料等が物納だったような場合）します（民執100条1項、同95条1項）。管理方法としては、不動産を賃貸して賃料を得るのが一般的ですが、短期賃貸借（民602条）の期間を超えて賃貸するには、債務者の同意が必要です（民執95条2項）。

不動産を管理するに当たり、管理人は債務者の占有を解いて自らこれを占有することもできます（民執96条1項）。

債務者の保護

債務者の居住する建物について強制管理の開始決定がされた場合、執行裁判所は、事情によっては債務者に期間を定めてその建物の使用を許可することができ（民執97条1項）、また強制管理によって債務者の生活が著しく困窮することとなるときは、管理人に対し、収益または換価代金の中から債務者に生活上必要な金銭または収益を分与すべき旨を命ずることができます（民執98条1項）。

配当等を受けるべき債権者

執行裁判所の定めた各期間（収益は継続するので、配当等の期間は区分されます）の満了までに、以下の申立て等をした者に限られます。

① 強制管理の申立てをした差押債権者（民執107条4項1号イ）

② 一般の先取特権の実行として担保不

動産収益執行の申立てをしたもの（同イ）

③担保不動産収益執行の申立てをしたもの（同ハ。②を除く）

④強制管理の方法による仮差押えの執行をしたもの（民執107条4項2号）

⑤配当要求債権者（同3号）

配当要求権者

強制管理において配当要求をすることができるのは、執行力ある債務名義の正本を有する債権者と181条1項各号に掲げる文書により一般の先取特権を有することを証明した債権者のみです（民執105条1項）。

配当等に充てるべき金銭

配当等に充てるべき金銭は、収益及びその換価代金から、債務者への分与金（民執98条1項参照）、不動産に対して課される租税その他の公課及び管理人報酬その他の管理費用を控除したものです（民執106条1項）。

配当等の実施

債権者が1人である場合または2人以上であって配当等に充てるべき金銭をもって各債権者の債権及び執行費用の全部を弁済できる場合、管理人は債権者に弁済金を交付し、剰余金を債務者に交付します（民執107条2項）。弁済金の交付ができない場合でも、債権者間に協議が調ったときは配当等を実施します（同3項）。協議が調わないときは、その事情を執行裁判所に届け出ます（同5項）。この場合、執行裁判所が配当等を実施します（民執109条）。

ポイント

強制管理における配当要求債権者

❶執行力ある債務名義の正本を有する債権者

❷一般の先取特権者（民執181条1項各号に掲げる文書で証明）

ミニテスト

1　強制競売の二重開始決定を受けた債権者は、強制管理において配当を受けることができる。

2　不動産につき仮差押えの執行をした債権者は、強制管理において配当要求をすることができる。

解答　1　×　強制競売の申立債権者は強制管理において配当に与ることはできない。

2　×　強制管理における配当要求債権者は、有名義債権者と一般の先取特権者のみ。

036 動産執行

動産を目的とする強制執行です。

Q 動産執行が不動産執行と大きく違うところはどこですか？

A 動産執行では目的物が動産であり、執行機関が執行官である点です。

意　義

動産執行とは、動産を対象とする金銭執行です。すなわち、まず債務者の所有する動産を差し押さえ、次いでこれを売却し、その代金を債権の弁済に充てる方法によって行われる強制執行です。実務上は、債務者が個人である場合は住居内の家財道具に対し、法人である場合は事務所内の什器備品に対して申立てがされる例が多いです。

現実の機能

動産執行は、現代の経済社会においては本来の機能をほとんど失っています（一度使った動産は、経済社会的には二束三文の値打ちしかありません）。したがって、例えば事務所内の什器備品につき差押えをしても、債権回収はほとんど期待できません（倉庫に保管されている新品の商品等は価値があるでしょう）。また、一般家庭内の家財道具類にいたっては、実務ではそのほとんどが差押禁止動産（民執131条。040参照）の扱いを受け、差押え自体が許されないのが現状です。

ただ、動産執行においては、執行官は、差押えをするに際し、債務者の住居等に強制的に立ち入って、金庫等を捜索する等の手荒な処分をすることができます（民執123条2項。038参照）ので、それにより心理的プレッシャーを与え得る可能性はあります。

執行機関

動産執行の執行機関は、執行官です（民執122条1項）。動産執行にあっては、債務者の住居等に立ち入って動産を占有するなど、実力を行使することが必要ですので、執行機関としては機動性のある執行官が適しているわけです。なお、執行裁判所も関与することがありますが、その役割は補充的・監督的なものにとどまります（民執132条、同142条等）。

執行官の職務執行と実体判断

動産の差押えに当たっては、執行官は債務者が目的動産の所有権を有するかどうか等の実体的な権利関係については審査することはできません。執行官に権利の有無を判断させるのは相当でなく、また執行の迅速性の要請に反

するからです。

このため、債務者が占有している物は債務者の責任財産である蓋然性が高いものとして、占有という外形があれば差押えを実施します。したがって、第三者の所有物に対して差押えがされても、その執行は手続上は違法とはいえません（013参照）。

動産執行と第三者異議の訴え

上述のとおり、動産執行は債務者の所有する動産に対する強制執行ですから、他人の所有する動産に対して執行することは、実体上は許されません。したがって、例えば友人から借りて使っているパソコンが差し押さえられるという事態は、実体上は不当です。

このような不当な結果を回避するために、パソコンの所有者である友人は第三者異議の訴え（民執38条）を提起

することが可能です。

執行官の付随的権限

執行官は、動産執行に伴う付随的権限として、執行債権及び執行費用の弁済受領権を有します（民執122条2項）。執行官は差押債権者の代理人ではないのですが、せっかく債務者が弁済するという場合、これを受領して債権者の配当に回してあげるのが道理にかなっているというわけです。

代理人の資格

動産執行の執行機関は執行官ですから、この執行においては代理人の資格に制限はありません。これは、民事執行法13条1項の規定を反対解釈することにより導かれる結論です。したがって、執行裁判所の許可を得なくても、誰でも代理人になることができます。

ポイント

動産執行	動産を差し押さえ、売却し、その代金を配当等に回す手続
動産執行の執行機関	執行官
執行官の付随的権限	動産執行において、差押債権と執行費用の弁済受領権を有する
代理人の資格	制限されていないので、誰でも代理人になることができる

ミニテスト

1　執行官が動産執行において債務者から金銭を受領した場合、その金銭は国庫に帰属する。

2　弁護士でない者が代理人として動産執行の申立てをするためには、執行裁判所の許可を要する。

解答　1　×　差押債権と執行費用の弁済に充てられる。
　　　　2　×　そのような制限はない。

037 動産執行の対象財産

差し押さえることのできるものには、どのようなものがあるのでしょう?

Q 動産執行の対象財産は何ですか?

A 民法上の動産等です。

動産執行の対象財産

　動産執行の対象財産となる動産の範囲は、民法上の動産を基本としながらも、動産執行の対象とするに適切かどうかという観点から、以下のとおり4種類の財産に定められています(民執122条1項)。

①動産

②土地の定着物で登記できないもの

③土地から分離する前の天然果実で1か月内に収穫することが確実なもの

④裏書の禁止されている有価証券以外の有価証券

民法上の動産(民執122条1項)

　民法は、土地及びその定着物を不動産とし(民86条1項)、それ以外の物はすべて不動産とする旨を定めています(同条2項)。すなわち、代表的な動産としては、現金、家財道具、商品、器具、備品を挙げることができます。

　なお、動産でありながらも、登記・登録制度の備わった船舶や自動車等は、不動産に対すると同様に差押登記・登録によることが可能ですから、

登記・登録のされたものは不動産執行に準じた執行の対象となります(民執112条、民執規86条)。

土地の定着物で登記できないもの

　例えば、庭石、石灯籠、建築中の建物、鉄塔、ガソリンスタンドの地上給油設備、立木法の適用されない樹木等がその例として挙げられます。これらは土地の定着物ですから、民法上は不動産に属します(民86条1項)が、差押えの登記をする不動産執行にはなじみません(例えば、庭石が高価であるからといって、これに「差押え」の登記をして公示する制度はない)。

　そこで、これらの定着物それ自体に執行の申立てをするときは、不動産執行の対象から除外され(民執43条1項カッコ書)、動産執行の対象となります(民執122条1項カッコ書)。

土地から分離する前の天然果実で 1か月内に収穫することが確実なもの

　例えば、収穫間近な穀物、野菜、果物等がこれです。これらは、本来は土地の一部であり、土地から分離するま

では独立して権利の対象となりません（民89条1項）が、収穫期が迫ると独立の経済取引の対象となるため、1か月の期間要件を設けて、土地から分離する前でも動産執行の対象とされています（民執122条1項カッコ書）。

裏書の禁止されている有価証券以外の有価証券

例えば、手形、小切手等の有価証券で、裏書の禁止されていないもの（つまり、転々流通し得る手形、小切手等）がその代表例です。これらの有価証券は、表章される権利が裏書と交付とにより移転されますから、差押えの実効性を確保するためには、執行官による証券の取上げが不可欠であり、動産執行の対象財産とされています（民執122条1項カッコ書）。

裏書の禁止された有価証券

有価証券につき裏書を禁止するということは、その有価証券を流通させたくない事情があることを意味します。この裏書の禁止された有価証券に係る債権は、民法上の債権の譲渡の方法と効果とをもって譲渡しうるのみです（例えば、手形11条2項、民467条）。

したがって、その債権に対する差押命令があれば、差押えの効力は有価証券を取り上げなくても、以後に債権を譲り受けた者にも主張することができます。そこで、裏書の禁止された有価証券は動産執行の対象から除外され、債権執行の対象財産とされています（民執143条カッコ書）。

ポイント

動産執行の対象財産
❶民法上の動産
❷土地の定着物で登記できないもの
❸土地から分離する前の天然果実で1か月内に収穫することが確実なもの
❹裏書の禁止されている有価証券以外の有価証券

ミニテスト

1　現金は、動産執行の対象財産である。
2　庭石がその土地よりも高価であることが見込まれるときは、これに対する強制執行は不動産執行の方法による。
3　裏書の禁止されていない約束手形を差し押さえたい場合、動産執行の方法による。

解答　1　○　民執122条1項。
　　　　2　×　土地とは別に庭石だけに執行の申立てをするときは、動産執行である。
　　　　3　○　お金と同様に考えることができる。

038 動産の差押え

執行官が動産を取り上げること（原則）をいいます。

Q 動産の差押えはどのようにして行われますか？

A 執行官が目的動産を取り上げる方法で行われます。

執行官の職務権限

執行官は、目的動産の差押えをするに際し、債務者の住居その他債務者の占有する場所に立ち入り、金庫その他の容器について目的物を捜索することができます（民執123条2項前段）。この場合において、必要があるときは、閉鎖した戸及び金庫その他の容器を開くため必要な処分をすることができます（同後段）。

差押えの方法

①債務者が占有している場合

この場合、執行官は目的物の占有を債務者から奪い、自らそれを占有することにより差し押さえます（民執123条1項）。この差押えに当たっては、執行官は債務者が目的動産の所有権を有するかどうか等の実体的な権利関係については審査することはできません。執行官は、債務者が占有している物は債務者の責任財産である蓋然性が高いものとして、占有という外形があれば差押えを実施します。したがって、第三者の所有物に対して差押えがされても、その執行は手続上は違法と

はいえません。

なお、第三者の所有物に対する差押えは実体的には不当執行ですので、その第三者は第三者異議の訴えを提起することができます（**036**参照）。

②債務者以外の者が占有している場合

この場合には、それらの者（債権者、第三者）が目的物を任意に提出するか、または差押えを承認したときに限って差押えをすることができます（民執124条）。言い換えると、強制力を用いることはできません。したがって第三者が目的物を任意に提出しないとき（例えば、銀行が顧客である執行債務者の貸金庫の内容物を提出しないとき）は、執行債務者がその第三者たる銀行に対して有する目的物の引渡請求権に対して債権執行をするしかありません（民執163条参照）。

なお、第三者が目的物につき質権や先取特権を有する場合、その第三者はそれらの権利を留保した上で目的物を提出し、配当要求をして優先配当に与ることもできます（民執133条）。

差押物の保管

執行官が差押物を自ら保管するためには、運搬も必要になり、費用がかかります。そこで、執行官は、相当であると認めるときは、差押物を債務者、債権者または第三者（倉庫業者等）に保管させることができることとされています。この場合、差押えは差押物について封印その他の方法で差押えの表示をしたときに限りその効力を有します（民執123条３項、同124条）。

なお、映画等では、執行官が動産に赤色の札を貼り付けるシーンが登場することがありますが、この札が上記の封印です（ただし、現行の実務では札の色は赤色とは限りません）。

差押物の使用の許可等

執行官は、債務者等の従前の占有者に保管させる場合において、相当であると認めるときは、その使用を許可することができます（民執123条４項、同124条）。

執行官は、必要があると認めるときは、債務者等に保管させた差押物を自ら保管し、または使用許可を取り消すことができます（民執123条５項、同124条）。

ポイント

動産の差押えの方法

❶債務者が占有している場合	執行官は目的物の占有を債務者から奪って保管する（ただし、債務者保管、使用許可等が可能）
❷第三者が占有している場合	それらの者が任意に提出しまたは差押えを承認したときに限り占有する（ただし、第三者保管、使用許可等が可能）

ミニテスト

1　XがAにノートパソコンを貸していたところ、YがAに対して動産執行をし、そのノートパソコンが差し押さえられた場合、XはYを被告として第三者異議の訴えを提起することができる。
2　執行官は、債務者の占有する動産を差し押さえた場合、債務者にその動産を保管させることも、使用を許すこともできる。
3　執行官は、質権の目的となっている動産を差し押さえることはできない。

解答　1　○　民執38条。
　　　　　2　○　執行官の裁量により可能。
　　　　　3　×　質権者が任意に提出しまたは差押えを承認すれば可能。

039 動産の差押えの効力

動産が差押えを受けた場合の不利益とは？

Q 動産の差押えにはどのような効力が生じますか？

A 処分制限効ほかの効力が生じます。

処分制限効

動産執行における差押えにより、債務者は差押物の処分権限を失います。したがって、債務者が差押物を勝手に処分しても、差押えの効力には影響を及ぼしません。仮に債務者が差押物を処分しても、差押債権者、買受人のほか執行手続に参加するすべての債権者に対抗することができません（手続相対効。**018**参照）。

ただし、債務者の処分行為により、善意無過失の第三者が即時取得（民192条）し得ることは別問題です。

差押えの付随的効力

動産執行による差押えがあった場合、執行債権につき消滅時効の完成猶予の効力が生じます（民148条1項1号）。断固たる権利の行使があったものと評価できるからです。

しかし、動産執行を時効の利益を受ける者に対してしないときは、その者に通知した後でなければ時効の完成猶予の効力は生じません（民154条）。

差押えの効力の及ぶ範囲

差押えの効力は、差押物から生ずる天然の産出物に及びます（民執126条）。例えば、差し押さえた鶏が卵を産んだ場合がこれです。本来、その卵（天然果実）は産み落とされると同時に独立の動産となり、差押えの効力は当然には及ばないはずですが、別個に差し押さえる手間を省くために差押えの効力が及ぶこととされたわけです。

反面、動産執行による差押えを受けた場合、債務者には天然果実の収取権は認められなくなります。

差押物の引渡命令

上述の処分制限効を強化する便宜的措置として、差押債権者には差押物の引渡命令の申立権が認められています。すなわち、差押物を第三者が占有することとなった場合、執行裁判所は差押債権者の申立てにより差押物を執行官に引き渡すべき旨を第三者に命ずることができます（民執127条1項）。この引渡しを命ずる裁判に対しては、第三者は執行抗告をすることができる（同3項）ことから、執行官はこの引

渡命令を債務名義として（民執22条3号）、差押物の取戻しをすることが可能です。

ただ、引渡命令の申立ては差押物を第三者が占有していることを知った日から1週間以内にしなければなりません（民執127条2項）。さらに、引渡命令の執行にも迅速性が要求されることから、債務名義の事前送達は不要ですが、引渡命令の告知の日から2週間以内に執行する必要があります（同4項、民執55条8項～10項）。

この引渡命令の執行は、不動産の引渡しの執行（民執168条1項）に準じて行われます（民執169条1項）が、不動産の引渡しの執行の場合（民執168条3項）とは異なり、債権者またはその代理人が執行の場所に出頭することは要件とはされていません。

ポイント

動産の差押えの効力
❶処分制限効
❷付随的効力としての消滅時効中断効
❸差押物から生ずる天然の産出物に及ぶ
❹差押物の引渡命令の申立権

ミニテスト

1　動産執行の申立てをすると、執行債権につき消滅時効の完成猶予の効力が生ずる。
2　親牛を差し押さえたところ、子牛が生まれた場合、差押えの効力はその子牛に及ぶ。
3　AがBの動産につき動産執行の申立てをして差押えがされた後に、Bがその動産をCに売却した場合、当該動産には差押えの効力が生じているから、Cが所有権を取得する余地はない。

解答　1　○　民148条1項1号。
　　　　2　○　動産の差押えの効力は、差押物から生ずる天然の産出物に及ぶ。
　　　　3　×　即時取得（民192条）により所有権を取得する余地がある。

040 動産の差押えに関する制限

差押えをすることができない場合について確認します。

Q 動産の差押えには制限がありますか？

A 超過差押えの禁止等の制限があります。

超過差押えの禁止

　動産執行は、差押債権者の債権回収手段ですから、債権回収に必要な限度を超えて行うことは許されません。そこで、動産の差押えは執行債権及び執行費用の弁済に必要な限度を超えてはならないこととされています（民執128条1項）。差押え後に限度超過となったときは（差押物の値上がり等）、執行官は超過分につき差押えを取り消さなければなりません（同2項）。

　例えば、執行債権の額が27万円で、執行費用の額が3万円である場合（合計30万円）、差押物Aの評価額が40万円だとしますと、Aを差し押さえるだけで債権回収の目的は達することができます。そこで、この場合、さらに目的物Bを差し押さえることは許されません。超過差押えの禁止とはこのようなことを意味します。しかし、実務では、差押物の評価額が執行債権等の額を上回ることは稀です（036参照）。

目的物の評価

　執行官は、差押えの目的物を自由な判断により評価することができますが、差押物は多種多様ですから、執行官がこれらの全てにつき適正に評価することは困難です。そこで、執行官は、必要と認めるときは、評価人を選任して差押物の評価をさせることができることとされています（民執規111条2項）。

　なお、宝石や貴金属のような高価な動産を差し押さえたときは、評価人を選任して評価させることが義務づけられています（同1項）。

無剰余差押えの禁止

　差し押さえるべき動産の売得金の額が手続費用の額（上記の設例では3万円）を超える見込みがないときは、執行官は差押えをすることはできません（民執129条1項）。また、差押物の売得金の額が手続費用及び差押債権者の債権に優先する債権（民執133条）の額の合計以上となる見込みがないときは、執行官は差押えを取り消さなければなりません（民執129条2項）。

　いずれの場合も、差押債権者は執行債権を1円も回収できる見込みがなく、手続を進めてみても費用倒れに終

わる可能性が高いからです。この意味で、無剰余差押えの禁止は無益執行の禁止とも呼ばれます。

売却の見込みのない差押物

無剰余差押えの禁止との関連で、売却の見込みのない差押物については、執行官は差押え自体を取り消すことができます（民執130条）。

この規定の趣旨から、売却の見込みのないことが最初から明らかな動産は、そもそも差し押さえることはできないものと解されています。

差押禁止動産

民事執行法は、債務者の生活の保障、文化・社会政策上の配慮その他の理由から、差押禁止動産を列挙しています（民執131条各号）。例えば、現金については66万円は差押えが禁じられています（民執131条3号、民執施令1条）。

差押禁止動産の範囲の変更

民事執行法は、上述のとおり差押禁止動産について定める一方、その範囲の変更を認めています。すなわち、執行裁判所は、申立てにより、債務者及び債権者の生活状況その他の事情を考慮して、法定の差押禁止動産の範囲を変更することができます（民執132条）。債権者・債務者間の利害を、具体的な事態に即して調整する趣旨です。

ポイント

動産の差押えに関する制限
①超過差押えの禁止
②無剰余差押えの禁止
③売却の見込みのない差押物につき差押えの取消し
④差押禁止動産の法定

ミニテスト

1 ある動産を差し押さえたことにより債権の回収が見込まれる場合、他の動産を差し押さえることはできない。
2 ある動産の売得金の額が1万円、手続費用の額が3万円と見込まれるときは、執行官はその動産を差し押さえることはできない。
3 オリンピックでもらった金メダルは、差し押さえることはできない。

解答 1 ○ 超過差押えの禁止。
2 ○ 無剰余差押えの禁止。
3 ○ 民執131条10号。

041 動産執行における債権者の競合

動産執行に登場する債権者たちとは？（その１）

Q 動産執行における債権者の競合は、不動産執行と比較して違いがありますか？
A 事件の併合という特殊な手続があります。

二重差押えの禁止

動産執行における差押えは、不動産執行や債権執行における差押命令のような観念的な差押えとは異なり、執行官による現実の占有によって行われます。このため、執行官が同一の動産を他の債権者のために重ねて占有すると、手続を複雑にし混乱させるおそれがあります。そこで、動産執行では二重差押えが禁止されます（民執125条１項）。

同じ場所で重ねて動産執行の申立てがされた場合、以下に述べるように未だ差押えのされていない動産を追加して差し押さえた上で、事件の併合という特殊な手続がとられます（同２項）。

事件の併合

差押えを受けた債務者に対して、その差押えの場所で重ねて動産執行の申立てがされた場合、執行官は未だ差押えのされていない動産があればそれを差し押さえ、それがないときはその旨を明らかにして、その動産執行事件と先の動産執行事件とを併合します（民執125条２項前段）。

例えば、A債権者の申立てにより甲場所において差押えをした場合において、B債権者が同一の債務者に対し甲場所を差押えの場所とする動産執行の申立てをしたときは、双方の動産執行事件は併合されます。

差押えの場所

事件の併合をしなければならないのは、上述のとおり、その「差押えの場所」で重ねて動産執行の申立てがされた場合です。ここでいう「差押えの場所」とは、差押えの目的物が所在する場所（差押えを実施した場所）を指し、差押物が現に所在する場所をいうのではないものと解されています。その場所は、社会通念上、他と区別できる一定の範囲をもつ表示であり、通常は住居表示や部屋番号等によって特定されます。

なお、動産執行の申立書には、差し押さえるべき動産が所在する場所を記載しなければなりません（民執規99条）が、上述の「差押えの場所」とは、ここでいう「動産が所在する場所」を指します。

事件の併合の効力

事件の併合により、後の事件で差し押さえられた動産は、①併合の時に先の事件において差し押さえられたものとみなされ、後の事件の申立ては配当要求の効力を生じます。また、②先の事件につき執行の申立てが取り下げられたときまたは執行手続が停止もしくは取り消されたときは、先の事件で差し押さえられた動産は、併合の時に後の事件のために差し押さえられたものとみなされます（民執125条3項）。

仮差押執行事件と動産執行事件の併合

仮差押えの執行を受けた債務者に対して、同じ場所でさらに動産執行の申立てがされたときも二重差押えは禁止され（民執125条1項）、上記の場合と同様に事件が併合されます（同2項後段）。

ただこの場合、先の事件が仮差押えの執行であるため手続が売却、配当の段階にまで進まないことから、先の仮差押えの執行がされた動産は、併合の時に後の動産執行事件において差し押さえられたものとみなされ、仮差押執行事件の申立ては配当要求の効力を生ずることとされています。

また、後の動産執行事件につき執行の申立ての取下げまたは執行の取消しがあったときは、その動産執行事件で差し押さえられた動産は、併合の時に先の仮差押執行事件のために差し押さえられたものとみなされます（民執125条4項）。

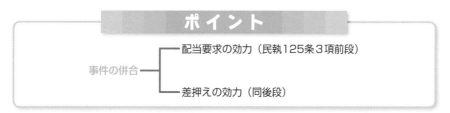

ポイント

事件の併合 ┬ 配当要求の効力（民執125条3項前段）

└ 差押えの効力（同後段）

ミニテスト

1 債務者の自宅において、ある動産Aが差し押さえられた場合において、相次いで動産Bが他の債権者により差し押さえられたときは、それぞれ別事件として動産執行の手続が行われる。

2 1において、Aを差し押さえた債権者が申立てを取り下げたときは、AはBを差し押さえた債権者が差し押さえたものとみなされる。

解答 1 × 事件の併合。

2 ○ 事件の併合。

042 動産執行における配当要求

動産執行に登場する債権者たちとは？（その２）

Q 動産執行における配当要求は、不動産執行と比較して違いがありますか？

A 配当要求権者が限定される等の違いがあります。

配当要求

　配当要求とは、差押債権者ではない債権者が執行機関に対して差押財産の換価代金からの弁済を求める申立てです。動産執行においては、前述のとおり二重差押えが禁止されます（民執125条１項。 042 参照）ので、不動産執行の場合とは異なり、債権者が競合するのはこの配当要求だけです。

　同一の債務者に対する金銭執行において複数の債権者が競合した場合、差押財産の換価代金をそれらの債権者間でどのように配分するかについては、平等主義と優先主義の対立があります（ 019 参照）が、民事執行法は、動産執行においても、原則的には平等主義を採用しつつ、時期及び資格につき制限を設けています。

動産執行における配当要求権者

　動産執行において配当要求をすることができるのは、先取特権者と質権者とに限られます（民執133条）。配当要求権者をこのように限定するには、それなりの理由があります。すなわち、動産執行においては超過差押えが禁止

されます（民執128条）ので、いわば必要最小限の目的物を差し押さえています。このため、配当要求を広く許容すると差押債権者の分配額が減ってしまいます。そこで、動産執行における配当要求権者は、上記の２種類の債権者に限られています。

有名義債権者、仮差押債権者の地位

　以上のとおり、動産執行においては、有名義債権者や仮差押債権者であっても、配当要求は認められません（不動産執行における配当要求権者との対比については、 019 参照）。

　しかし、これらの債権者は、配当要求の権利を認められなくても、特段の問題は生じません。なぜなら、これらの債権者は、二重執行の申立てをすることにより事件の併合の手続（ 041 参照）を経れば配当に与ることができる（民執125条３項前段）からです。

配当要求の時期的制限

　動産執行において配当等を受けるべき債権者は、差押物の売却による売得金については執行官がその交付を受け

る時、差押金銭についてはその差押え
の時、手形等の支払金についてはその
支払いを受ける時までに配当要求をし
なければなりません（民執140条）。配
当要求権者は、これらの時期までに配
当要求をしないと、配当に与ることは
できません。

配当要求の方法

　配当要求は、その権利を証する文書
を執行官に提出してします（民執133
条）。執行官は、先取特権や質権の存
否・内容について実質的判断権を有し
ないものと解されていますので、文書
を提出して配当要求がされればこれを
認めるべく、配当要求に対して先取特
権や質権の存否・内容が争われれば、
配当異議の手続（民執142条2項、同
89条、同90条）によって解決されま
す。

ポイント

動産執行における配当要求権者
❶先取特権者
❷質権者

配当要求の時期的制限
❶差押物の売得金　　執行官がその交付を受ける時
❷金銭　　　　　　　その差押えの時
❸手形等の支払金　　執行官がその支払いを受ける時

 ミニテスト

1　動産執行においては、仮差押債権者も配当要求をすることができる。
2　執行官が絵画を差し押さえてこれを売却した場合、配当要求は執行官がその代金を
　受領する時までにしなければならない。
3　動産執行における差押えがされた動産につき、同じ場所で重ねて仮差押えの執行の
　申立てがされた場合、その動産執行事件と仮差押執行事件は併合される。

解答　1　×　仮差押債権者は、事件の併合により配当に与るしかない。
　　　　2　○
　　　　3　○　民保49条4項。

043 動産執行における売却

動産の売り方にも定めがあります。

> **Q** 動産執行における売却は、不動産執行と比較してどのような違いがありますか？
>
> **A** 執行官が裁量により差押物を適正な価格で売却することができます。

売却の準備

　動産の価格は一般に低いことから、動産の売却においては、不動産の強制競売において求められたような厳格な手続は要求されません。すなわち、例えば不動産執行におけるような売却基準価額の制約はありません。

　執行官は差押物を自己の裁量により適正な価格で売却することができます。

動産の売却の方法

　差押物の売却は、競り売り、入札または最高裁判所規則（民事執行規則）で定める方法のいずれかによります（民執134条）。いずれの方法によるかは、執行官の裁量に委ねられています。

　民事執行規則は、売却の方法として競り売りや入札の方法について定めています（民執規114条1項、同120条1項）。その他、執行官は、動産の種類や数量等を考慮して相当と認めるときは、執行裁判所の許可を受けて競り売りや入札の方法以外の方法による売却をすることもできます（民執規121条1項）。

適正な価額による売却等

　いずれの売却方法によるにせよ、適正な価額で売却するために以下のような規定が設けられています。すなわち、①未分離の天然果実は、収穫時期が到来した後でなければ売却することはできません（民執規112条）。②取引所の相場のある有価証券は、その日の相場以上の価額で売却しなければなりません（同123条1項）。③貴金属またはその加工品は、地金としての価額以上の価額で売却しなければなりません（同124条）。

　なお、売却場所の秩序を維持するための不動産の強制競売の規定、及び債務者による買受申出禁止の規定が準用されています（民執135条、同65条、同68条）。

売却の見込みのない場合の措置

　執行官は、相当な方法による売却を実施しても売却の見込みのない動産に

ついては、その差押えを取り消すことができます（民執130条）。

有価証券の提示等

手形等（金銭の支払いを目的とする有価証券で、その権利の行使のために定められた期間内に支払いのための提示等を要するもの）を差し押さえた場合において、売却終了前にその期間の始期が到来したときは、執行官は債務者に代わって手形等の提示等をしなければなりません（民執136条）。これは、証券上の権利を失権させないための保存行為です。

有価証券の提示等における執行官の弁済受領権

執行官は、上述の手形等の提示に応じて手形金等の支払いがあればこれを受領する権限があり、その支払金は差押物の売得金と同様配当等に充てられます（民執139条1項、同140条）。

有価証券の売却

執行官は、差し押さえた有価証券を売却したときは、買受人のために債務者に代わって裏書や名義書換に必要な行為をすることができます（民執138条）。これは、例えば手形のように裏書によって移転される証券（手形11条）の売却にあっては、裏書によってその流通性を確保しなければ買受人が損害を受け、ひいては安い価額でしか買い受けられない結果を招くことになるからです。

第4編 動産執行

ポイント

動産の売却…………売却基準価額の制度はない
動産の売却の方法…競り売り、入札、最高裁判所規則で定める方法を執行官が裁量
　　　　　　　　　により選択

 ミニテスト

1　動産執行においては、目的物をその相場額の1割以下の価格で売却することはできない。
2　執行官が差し押さえた約束手形を支払いのために振出人に提示したところ、振出人が手形金を支払ったときは、その金銭は配当等に充てられる。

解答　1　× そのような制限はない。
　　　　2　○

044 動産執行における配当等

売却代金の債権者たちへの分配が実施されます。

Q 動産執行における配当等にはどのような特色がありますか？

A 原則として執行官が配当等を実施します。

配当等を受けるべき債権者

動産執行において配当等を受けるべき債権者は、次の３種類の債権者です（民執140条）。

①差押債権者

②二重執行の申立てをして事件の併合により配当要求の効力を認められる債権者

③配当要求債権者

執行官による弁済金の交付

債権者が１人である場合または２人以上であって売得金等をもって全債権及び執行費用を弁済できる場合、債権者間に利害の対立はなく、複雑な配当手続を実施する必要はありません。そこで、この場合、執行官は債権者に弁済金を交付し、剰余金を債務者に交付します（民執139条１項）。

執行官による配当

売得金等をもって全債権及び執行費用を弁済できない場合であっても、債権者間に協議が調ったときには、執行官はその協議に従って配当を実施します（民執139条２項）。

これに対し、債権者間に協議が調わないときは、執行官はその事情を執行裁判所に届け出なければなりません（同３項）。

なお執行官は、売得金等を取得した後は、執行停止文書が提出されてもそれを無視して手続を進めなければなりません（民執139条４項、同84条３項、４項）。

執行官による供託

執行官は、配当等を受けるべき債権者の債権につき、停止条件付であるとか仮差押債権者の債権である等一定の事由があるときは、その配当等の額に相当する金銭を供託し、その事情を執行裁判所に届け出なければなりません（民執141条１項）。このような事由がある場合、執行官の処理能力を超えたものとして、後述のとおり、執行裁判所による配当等を実施させる趣旨です。

債権者が配当等の受領に出頭しなかった場合も、執行官はその債権者に対する配当等の額に相当する金銭を供託しなければなりません（同２項）。こ

れは、いわゆる不出頭供託です（033参照）。

執行裁判所による配当等の実施

執行裁判所は、執行官から債権者間の協議が不調に終った旨の事情届があった場合には直ちに、また債権が停止条件付である等の事由により供託がさ

れその事情届があった場合には供託事由が消滅したときに、それぞれ配当等の手続を実施しなければなりません（民執142条1項）。

その他、この手続には不動産の強制競売の場合の配当手続の規定がほぼ全面的に準用されます（同2項）。

ポイント

動産執行において配当等を受けるべき債権者
❶差押債権者
❷二重執行の申立てをして事件の併合により配当要求の効力を認められる債権者
❸配当要求債権者
執行官による配当等の実施
❶弁済金の交付
❷全債権者を満足させない場合であっても、債権者間に協議が調ったとき
❸執行官による供託（直ちに配当等をし得ない事情のある債権）
執行裁判所による配当等の実施（上記❷の協議が調わなかった場合、❸の場合）

ミニテスト

1　動産執行の目的動産に質権を有する者は、配当等を受けることができる場合がある。

2　動産執行において配当等を受けるべき債権者の債権が仮差押債権者の債権である場合、執行官はその配当等の額を供託しなければならない。

解答　1　○　配当要求をすれば配当等を受ける。
　　　　　2　○

045 債権執行

債権を目的とする強制執行について解説します。

Q 債権執行はどのような手続ですか？

A 執行債務者の有する債権を対象財産とする金銭執行です。

意　義

債権執行とは、執行債務者が第三債務者に対して有する金銭債権または動産・船舶の引渡請求権に対する金銭執行です（民執143条）。

例えば、CがAに対して100万円の債務名義を取得したとしましょう。Aがこの100万円を任意に支払わないので、強制執行をしようと思って、Aの責任財産（差し押さえることのできる財産）を調べたところ、AがB銀行に対して預金口座をもっていることが分かった場合、CはAの預金債権を差し押さえることができます。

あるいは、AがB株式会社に請負代金債権を有しているような場合、その請負代金債権を差し押さえることもできます。

債権執行における当事者の呼称

債権執行においては、不動産執行や動産執行の場合と異なり、当事者が1人増えます。そこで、債権執行を理解するためには、当事者の名称を正確に捉えておく必要があります。

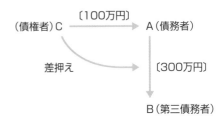

上の図において、まず強制執行の申立てをするCを執行債権者（略して「債権者」とも）と呼びます。次に、強制執行を受けるAを執行債務者（略して「債務者」とも）と呼びます。Aの債務者Bは「第三債務者」と呼ばれます。

なお、Cが債務名義によって認められた請求権は「執行債権」、差し押さえを受けるAの債権は「被差押債権」と呼ばれます。

債権執行の対象財産

債権執行の対象財産（つまり、被差押債権となり得る債権）は、次の4種類の債権です（民執143条）。

①金銭債権

②裏書の禁止されている有価証券に係る債権

③動産の引渡請求権

④船舶の引渡請求権

　なお、②との関連では、手形等の有価証券が発行されているものについては、その有価証券自体が動産執行の対象財産とされています（民執122条1項カッコ書）ので、債権執行の対象財産からは除外されます（民執143条カッコ書）。

債権執行の執行機関

　債権執行は、有形物に対する執行である動産執行とは異なり、観念的存在である権利を執行の対象とします。このため、執行裁判所が執行機関となります（民執143条）。

　なお、少額訴訟債権執行（058参照）においては、執行裁判所が執行機関となるほか、裁判所書記官も独立の権限をもって執行に関与します（民執167条の2～）。

ポイント

債権執行⇒執行債務者の有する債権を対象財産とする金銭執行
債権執行の対象財産
　❶金銭債権
　❷裏書の禁止されている有価証券に係る債権
　❸動産の引渡請求権
　❹船舶の引渡請求権

ミニテスト

1　裏書の禁止されていない約束手形は、債権執行の対象財産である。
2　動産の引渡請求権に対する金銭執行の執行機関は、執行官である。
3　XがYに対し1000万円の金銭支払請求訴訟を提起して確定の請求認容判決を得たが、Yが任意の履行をしないので、その財産を探したところ、Yは、自宅（時価相当額は3000万円だが5000万円の抵当権が設定されている）のほかに、別荘（時価相当額1000万円）、ダイヤの指輪（時価相当額500万円）及びA銀行に対する300万円の定期預金を有することが判明した。この場合、Xはまず不動産である別荘の差押えをし、これが不能であったときでなければ定期預金の差押えをすることはできない。

解答　1　×　動産執行の対象財産。
　　　　2　×　債権執行の執行機関は執行裁判所。
　　　　3　×　そのような制限はなく、財産は自由に選んで差し押さえることができる。

046 金銭債権の差押え

債権執行の代表例を確認しましょう。

> **Q** 金銭債権の差押えはどのような手続ですか？
>
> **A** 執行裁判所が差押命令を発令してする手続です。

金銭債権の差押え

債権執行（少額訴訟債権執行を除く）は、有名義債権者の申立てにより、執行裁判所が差押命令を発令することによって開始されます（民執143条）。

債権執行の管轄

債権執行の管轄は、原則として債務者の普通裁判籍の所在地を管轄する地方裁判所です（民執144条1項前段）。これは、債務者に防御の機会を与える便宜のほか、利害関係人が債務者の普通裁判籍所在地の近くに居住する蓋然性が高いためです。

この普通裁判籍がないときは、被差押債権の所在地を管轄する地方裁判所が執行裁判所となります（同後段）。「被差押債権の所在地」とは、原則としてその債権の債務者（つまり第三債務者）の普通裁判籍所在地ですが、抵当権等によって担保される債権等はその目的物の所在地です（民執144条2項）。

二重差押えの場合の管轄

差押えに係る債権（差押命令により差し押さえられた債権に限る）についてさらに差押命令が発せられた場合（債権執行においては二重差押えは可能です）において、発令裁判所が異なるとき（これも普通裁判籍の所在の変動により生じ得ます）は、執行裁判所は事件を他の執行裁判所に移送することができます（民執144条3項）。

債権執行の申立てについての形式審査

執行裁判所は、申立てが適法かどうか、差し押さえるべき債権が差押禁止債権（民執152条）ではないか、超過差押え（民執146条2項）ではないか等を形式的に審査して、適法と認めるときは差押命令を発します。その際、被差押債権の存否や帰属のような実質審査はされません。

債権執行の審査における審尋の禁止

差押命令は、債務者及び第三債務者を審尋しないで発令します（民執145条2項。このことを「債権執行の密行

性」といいます）。これは、審尋（債権差押えについて事情を問い合わせる等）をすると、債務者が強制執行を察知し、債権の処分行為等の執行妨害に出るおそれが生じるからです。

例えば、045の設例において、執行裁判所がAやBを審尋しますと、Aが被差押債権を譲渡したり、BがAに弁済したりして、Cの差押えが空振りに終わってしまう危険が生じます。このような危険が生じないよう、審尋が禁じられるわけです。

差押命令の送達

差押命令は、債務者及び第三債務者に送達されます（民執145条3項）。差押命令が債務者及び第三債務者に送達されたときは、裁判所書記官はその旨及び送達日を差押債権者に通知します（民執規134条）。債権者は、この通知を直接取立権の行使（052参照）等に役立てることができます。

第三債務者の陳述の催告

裁判所書記官は、差押債権者の申立てがあるときは、差押命令を送達するに際して、差押えに係る債権の存否等について一定期間内に陳述すべき旨を第三債務者に対して催告しなければなりません（民執147条1項）。差押えが奏功したかどうかを債権者が知るための手段です。

不実の陳述や不回答に対しては、損害賠償義務が負わされます（民執147条2項）。

ポイント

債権執行における審理、裁判
❶形式審査
❷債務者及び第三債務者の審尋の禁止
❸差押命令の債務者及び第三債務者への送達

ミニテスト

1　AのB銀行に対する預金債権をCが差し押さえる場合、申立ての管轄裁判所はB銀行の本店所在地を管轄する地方裁判所である。
2　債権差押命令を発令する場合、債務者を審尋することはできないが、第三債務者は審尋することができる。

解答　1　×　Aの住所地を管轄する地方裁判所。
　　　2　×　いずれも審尋できない。

047 債権差押えの効力

債権を差し押さえるとどのような効力が生ずるのでしょうか？

Q 差押命令の主な内容は何ですか？

A 債権の取立てその他の処分の禁止、債務者への弁済禁止です。

差押命令の内容

差押命令においては、債務者に対しては債権の取立てその他の処分を禁止し、第三債務者に対しては債務者への弁済を禁止します（民執145条1項）。例えば、預金の差押えを受けると、預金者はその預金を譲渡したりすることができなくなります。一方、金融機関は預金者から払戻請求を受けてもこれに応ずることはできなくなります。

弁済禁止効の具体的効果

上述のとおり、第三債務者は債務者に対する弁済が禁止されますが、これは差押命令の送達後は、債務者に対して弁済しても債務は消滅しないことを意味します。仮に弁済しても、差押債権者には対抗できません（民481条1項）。

また第三債務者は、債務者に対して差押え後に反対債権を取得しても、この反対債権をもって執行債権と相殺することはできません（民511条1項前段）。これは、執行債務者に対する債権を第三債務者が第三者から買い叩き（債務者に対する債権の実価は差押後は激減します）、これを自働債権とし

て被差押債権と相殺すると、第三債務者は不当な利益を収めることが可能になりますので、この弊害を防止する趣旨です。

これとは逆に、差押え前に取得した債権であれば、上述のような弊害は考えられませんので、その債権（自働債権）の弁済期と被差押債権（受働債権）の弁済期の前後を問わず、相殺適状に達しさえすれば差押え後でも相殺することができます（同後段、判例）。

差押命令の効力の生ずる時期

債権差押えの効力は、差押命令が第三債務者に送達された時に生じます（民執145条5項）。債務者への送達時ではないことに注意が必要です。

差押えの効力の範囲

差押命令において範囲をとくに限定しない限り、債権差押えの効力は、執行債権の額にかかわらず、被差押債権の全部に及びます（民執146条1項）。なお、差押債権者は、執行債権の額に相当する一部だけを差し押さえることもできます（民執149条）。

超過差押えの禁止

被差押債権の額が執行債権と執行費用の合計額を超えるときは、他の債権を差し押さえることはできません（民執146条2項）。この場合、債権者としては執行債権を回収できる見込みがあるわけですから、余分な差押えを認めることにより債務者を必要以上に苦しめることを許さない趣旨です。

債権証書の引渡し

差押えに係る債権について証書があるときは、債務者は差押債権者にこれを引き渡さなければなりません（民執148条1項）。「証書」とは、第三債務者に対して権利を行使するのに必要な証書です。例えば、借用証書や預金証書のような債権証書のほか、債務名義のような公的証明書を含みます。

担保権付債権の差押え

差押えの効力は従たる権利にも及びます（民87条2項）。したがって、例えば被差押債権に抵当権が付いていれば差押えの効力はその抵当権にも及びますので、差押債権者の申立てがあったときは、裁判所書記官は差押えの登記を嘱託します（民執150条）。

継続的給付債権の場合

給料債権や賃料債権等の継続的給付に係る債権は、各支払期ごとに発生するそれぞれ別個の債権ですが、各支払期ごとに差押えの手続を繰り返すのは煩雑ですので、1回差し押さえておけば、執行債権と執行費用の合計額を限度としてその効力は以後の給付にも及ぶこととされています（民執151条）。

ポイント

債権差押命令の主な内容
　　対債務者………債権の取立てその他の処分の禁止
　　対第三債務者…債務者への弁済の禁止

ミニテスト

1　AのB銀行に対する預金債権をCが差し押さえ、差押命令がAに送達された場合、Aは預金の払戻しを受けることができなくなる。

2　1の設例において、差押命令がB銀行に送達された後に、B銀行がAに預金の払戻しをしたときは、Cは差し押さえた額につき後日取り立てることができる。

3　1の設例において、B銀行が送達を受ける前にAに対して貸付債権を有していた場合、B銀行は被差押債権と貸付債権とを相殺することができる。

解答　1　×　差押命令の発効時期は、差押命令が第三債務者に送達された時。
　　　　2　○　債務者への弁済禁止効。
　　　　3　○　差押えと相殺に関する判例。

048 確定期限付定期金債権を請求する場合の特例

養育費等の支払請求権については、一度の差押えにより将来分もOKです。

Q 養育費については、差押えに関する特例があると聞きましたが?

A 期限未到来の債権についても、債権執行を開始することができます。

執行開始の要件

債務名義で認められた請求権に確定期限が付いている場合、その期限が到来しないと、強制執行を開始することはできません（民執30条1項）。

しかし、この原則に従うと、現実には手続が煩雑になり、執行債権者の負担が大きくなる場合があります。例えば、以下に述べる確定期限付定期金債権の支払請求権についての執行がそうです。

確定期限付定期金債権

①夫婦間の協力・扶助義務に係る債権（民752条）

②婚姻費用分担義務に係る債権（民760条）

③子の監護義務に係る債権（民766条）

例えば、子が成人に達するまでの間、養育費として毎月末日に3万円ずつ支払うとの債務名義（例えば、家事調停調書）がある場合が代表例です。

④扶養義務に係る債権（民877条～880条）

従来の執行実務の問題点

執行開始の要件に関する上の原則に従う限り、養育費の支払請求権のような将来にわたって発生するような債権の場合、すでに期限の到来したものについてしか執行を開始してもらうことはできません。そこで例えば、養育費の不払い分が1年分に達した時にまとめて執行をかけるという実務が行われてきました（毎月払いの養育費につき毎月執行の申立てをするのは煩雑であり、また費用もかさみます）。

しかし、例えば、子を養育する母親の立場に身を置いて考えてみると分かることですが、このような実務は、現実には債権者にとってきわめて煩雑であり、負担が大きすぎます（養育費が貯まるごとに債権執行の申立てを繰り返さなければならない）。

確定期限付定期金債権に関する差押えの特例

そこで、この問題を解決するために、上記①～④の義務に係る確定期限付定期金債権を有する場合において、その一部に不履行があるときは、民事

執行法30条1項の規定にかかわらず、確定期限が到来していないものについても債権執行を開始し得るとの特例が設けられました（民執151条の2第1項）。

この特例により、債権者としては、一度差押えをしておけば、将来期限の到来する債権についても差押えの効力が結果的に持続することになります。したがって、債権者は手続を繰り返す煩雑を回避し、費用の負担から解放されることになりますから、債権者にとっては大きな朗報といえます。

被差押債権についての制限

上述の特例により開始する債権執行においては、各定期金債権についてその確定期限の到来後に弁済期が到来する給料その他継続的給付に係る債権のみを差し押さえることができます（民執151条の2第2項）。例えば、子を養育する母親（離婚した妻）が元夫の給料を差し押さえる場合がこれに当たります。

反面、給料その他継続的給付に係る債権ではない債権についてこの特例を用いることはできません。

ポイント

確定期限付定期金債権に関する差押えの特例
　この債権については、将来分についても、債務者の給料等を差し押えることが可能

ミニテスト

1　「Aは、Bに対し、ABの長女Cが成年に達するまで、養育費として毎月3万円を支払う」旨の家事調停調書が成立した場合において、1か月分の養育費が支払われなかったときは、Bは、将来の養育費全額につきAの給料を差し押さえることができる。

2　1の設例において、BがAの銀行預金を差し押さえた場合、差押えの効力はCが成年に達するまで存続する。

解答　1　○
　　　　2　×　特例による被差押債権の範囲は給料等に限定される。

049 差押禁止債権

債権であれば何でも差し押さえることができるでしょうか？

Q 差押えのできない債権がありますか？

A あります。

公的な給付請求権

社会保障関連の公的な給付請求権については、債務者の生存等を維持する観点から、各特別法において差押えが禁止されています（生保58条、厚年保41条１項等）。

給料等についての原則

以下①、②の債権については、原則としてその４分の３は差し押さえることはできません（民執152条１項）。債務者の生計を維持させる趣旨です。例えば、40万円の月給を差し押さえる場合、差押可能額は10万円です。残額30万円の差押えは許されません。

①債務者が国・地方公共団体以外の者から生計を維持するために支給される継続的給付に係る債権（例えば、慈善団体による扶養料）

②給料、賃金、俸給、退職年金及び賞与等の給与の性質を有する債権

給料等についての例外

債務者が高額の給料等を得ている場合、その４分の３を一律に差押禁止とすることは債務者の保護として行き過ぎです。例えば、月給の額が100万円と高額である場合、75万円を差押禁止とする必要はありません。

そこで、生計維持のための必要額をいくらと考えるかが問題となりますが、民事執行法施行令は、月給を差し押さえる場合、これを33万円と定めています（民執令２条１項１号）。したがって、言い換えますと、残額67万円は差し押さえることが可能です。

退職手当等

その給付の４分の３に相当する部分は、差し押さえることができません（民執152条２項）。債務者の退職後の生計を維持させる趣旨です。この場合、給料等で認められた差押可能額についての特例はありません。すなわち、額の如何にかかわらず一律４分の３につき差押えが禁止されます。

差押禁止の割合の特例

債権者が151条の２に定める定期金債権を請求する場合、上述の給料等及び退職手当等についての差押禁止割合４分の３は、２分の１と引き下げられ

ます（民執152条3項）。

養育費請求権の例で述べますと、差し押さえられた給料はわが子の養育のためにも使われるべき収入ですから、一般の執行債権の場合よりも多くの差押えを許していいわけです（差押可能の割合が4分の1増えています）。

差押禁止債権の範囲の変更

執行裁判所は、債権者または債務者の申立てにより、債権者・債務者双方の生活状況その他の事情を考慮して、差押禁止の範囲を拡張または減縮することができ、場合によっては差押命令の全部または一部を取り消すこともできます（民執153条1項）。

差押禁止の範囲は、具体的事情に応じて変更することができるわけです（例えば、債権者が裕福になり、債務者が生活困窮者になるような場合）。

差押禁止債権の範囲の変更の制度の見直し

上述の差押禁止債権の範囲の変更の制度は、これまで活用されてきませんでした。そこで、以下のとおり改正されました（令和2年4月1日施行）。

①裁判所書記官は、差押命令を送達するに際し、差押禁止債権の範囲の変更の制度の存在を債務者に対して教示しなければならないこととされました（民執145条4項）。

②給与等が差し押さえられた場合、債務者による差押禁止債権の範囲の変更の申立てのための準備期間は1週間から4週間に伸張されました（民執155条2項）。すなわち、この準備期間中は債権者は民執155条1項の取立てはできないことになりました。

ポイント

差押禁止債権
　❶特別法による公的な給付請求権は全額
　❷給料等は原則4分の3（月給の場合、33万円を超える額は差押可能）
　❸退職手当等は一律4分の3
差押禁止の割合の特例
　確定期限付定期金債権による差押禁止は2分の1

ミニテスト

1　月給100万円の給料を差し押さえる場合、75万円は差し押さえることはできない。
2　養育費請求権を執行債権として給料の差押えをする場合、債務者の給料の2分の1は差し押さえることができる。

解答　1　×　月給が33万円以上の高額である場合、これを超える額は差押え可能。
　　　　　2　○　差押禁止割合の特例。

050 債権執行における債権者の競合（1）

債権執行において登場する債権者たちを確認します。

Q 債権執行でも差押えが競合する場合がありますか？

A あります（二重差押え）。

債権執行における 差押えの競合と平等主義

　民事執行法は、手続の一定の時期までに登場する債権者を平等に扱う建前をとっています（平等主義。019参照）ので、被差押債権につき相次いで複数の差押えがあった場合、平等主義の観点から各債権者を害する結果にならないよう、配慮しています。

　基本的には、後述のとおり差押えが競合する場合は各債権者による権利行使を認めず、第三債務者に供託を義務づけ、供託金につき執行裁判所において配当手続を実施して平等主義を実現することとされています。そこで、差押えの競合とはどのような場合を指すのかを検討しておきましょう。

全部差押えと全部差押え

　不動産の強制競売の場合と同様、債権執行においても二重差押えをすることができます。すなわち、すでに他の債権者によって差し押さえられた債権であっても、別の有名義債権者はさらに差押命令を得て差し押さえることができます（民執144条3項、同149条、

同156条2項、同165条）。

　例えば、045の設例において、AのBに対する被差押債権の額が300万円、CのAに対する執行債権の額が300万円のところ、Dが300万円の執行債権で被差押債権を差し押さえた場合、差押えは競合します（300万円＋300万円＞300万円）。

全部差押えと一部差押え

　債権の全部について差押えがされた後に一部差押えがされた場合（債権の一部を差し押さえ得ることは前述のとおりです（047参照））、その一部差押えの効力は被差押債権の全部に及びます（民執149条後段）。一部差押えがされた後に全部差押えがされた場合も、結論は同じです。

　例えば、上の設例において、AのBに対する300万円の被差押債権につき、まずCが300万円で差し押さえ、相次いでDが250万円で差し押さえた場合、差押えは競合します（300万円＋250万円＞300万円）。この結論は、AとDの差押えの順序が逆の場合であっても同じです。

一部差押えと一部差押え

同一の債権について複数の一部差押えがされた場合において、各差押えの額の合計額が被差押債権の額を超えるときも差押えは競合します（つまり、競合するか否かは足し算をして決めます）。一部差押えにより差押えが競合することになった場合、各差押えの効力は被差押債権の全部に及びます（民執149条前段）。

例えば、上の設例において、AのBに対する300万円の被差押債権につき、まずCが100万円で差し押さえ、相次いでDが250万円で差し押さえた場合、差押えは競合します（100万円＋250万円＞300万円）。

差押えの非競合

複数の一部差押えがされた場合において、各差押えの合計額が被差押債権の額を超えないときは、各差押えは他の債権者によって差し押さえられていない部分を差し押さえたものとみなされ（各債権者は平和裡に共存する）、差押えは競合しません。つまり、各差押えの額を足し算して被差押債権の額になお余りがある場合は、差押えの競合の問題は起こりません。

例えば、上の設例において、AのBに対する300万円の被差押債権のうち、まずCが100万円で差し押さえ、相次いでDが150万円で差し押さえた場合、差押えは競合しません（100万円＋150万円＜300万円）。この結論は、AとDの差押えの順序が逆の場合であっても同じです。

ポイント

債権執行において差押えの競合が生ずる場合
❶全部差押えと全部差押え
❷全部差押えと一部差押え（差押えの順序は違っても競合）
❸一部差押えと一部差押え（被差押債権の額を超過する場合）

📝 ミニテスト

1　AのBに対する300万円の金銭債権につきCが300万円の差押えをした場合、Dは1円たりとも差押えをすることはできない。

2　AのBに対する300万円の金銭債権につきCが100万円の差押えをした場合において、Dが200万円の差押えをしたときは、差押えは競合する。

解答　1　× 二重差押えは可能。

　　　　　2　× 被差押債権の額「以下」の場合、非競合（平和共存可能）。

051 債権執行における債権者の競合（2）

債権執行において登場する債権者たちを引き続き、確認します。

> **Q** 債権執行における配当要求のポイントは何ですか？
>
> **A** 配当要求の資格が他の金銭執行と異なるほか、供託の義務等も生じます。

債権執行における配当要求の資格

債権執行においては、次の２種類の債権者につき配当要求の資格が認められます（民執154条１項）。

①有名義債権者

②先取特権を有することを文書で証明した債権者

仮差押債権者の配当要求

これは必要がないから認められていません。すなわち、仮差押えの執行が差押えと競合した場合、第三債務者に供託が義務付けられ（民執156条２項）、執行裁判所は仮差押債権者の存在を知り得ます（同３項）ので、仮差押債権者は配当要求をするまでもなく配当等に与り得るのです（民執165条柱書）。

債権質権者の配当要求

これも必要がないから認められていません。すなわち、債権質権者は質に取った債権につき直接取立権を有します（民366条１項）が、この取立権眼はその債権が他の債権者から差し押さえられても影響を受けないと解されています。また、質権の実行として債権

執行の方法によって換価することもできます（民執193条１項）。このように、いずれの方法によっても債権質権者は優先弁済権がありますから、配当要求を認める必要はありません。

配当要求の方法

配当要求は、執行裁判所に対して書面ですることとされています（民執規145条、同26条）。配当要求があったときは、その旨を記載した文書を第三債務者に送達しなければなりません（民執154条２項）。

なお、第三債務者がこの文書の送達を受けたときは、差し押さえられた債権の部分に相当する金銭を供託しなければなりません（民執156条２項）。

配当要求の終期

いくつかの定めがありますが、主要例は次の３つです（民執165条柱書）。

①差押債権者が第三債務者から支払いを受けた時（民執155条１項）

②第三債務者が供託をした時（民執156条１項、２項）

③取立訴訟の訴状が第三債務者に送達

された時（民執157条1項）

なお、被差押債権が譲渡された後であっても、他の債権者はこれにかかわらず配当要求をすることができます（差押えの手続相対効）。

配当要求の効果

配当要求は、その申立てをした時すなわち執行裁判所に対して配当要求の書面を提出した時に効力が生じます。配当要求によって第三債務者は供託の義務を負い（民執156条2項）、配当要求債権者は供託金から配当を受けることができます（民執166条1項1号）。

債権執行における配当要求権者の制約

配当要求債権者は自ら差押えをした

わけではありません。このため、債権執行においては配当要求権債権者は以下のような制約を受けます。

①債権の完全な満足は得られない。

差押えの効力の及ぶ範囲は、配当要求があっても拡張されません。したがって、差押債権者が執行債権の額に見合った一部差押えをしている場合、債権の完全な満足は得られません。

②有名義債権者の地位

執行力ある債務名義の正本に基づいて配当要求をした債権者は、単に分配に与る権利しか有せず、差押債権者が取立てを怠っている場合であっても、自ら取立てをすることはできません。

③債権執行の取下げや執行の取消し

これらの場合、配当等を受けることができなくなります。

ポイント

債権執行における配当要求の資格
  ❶有名義債権者
  ❷先取特権者（文書で証明したもの）
配当要求の効果
  第三債務者の供託の義務（被差押額）

ミニテスト

1 債権執行においては、債権質権者も配当要求をすることができる。

2 AのBに対する300万円の金銭債権につきCが100万円の差押えをした場合において、Eが50万円の債権をもって配当要求をしたときは、Bは300万円を供託しなければならない。

解答 1 × 配当要求権者ではない。債権の直接取立権（民366条1項）や担保権の実行（民執193条）により優先弁済を受けうるから。

2 × 供託の義務は正しいが、供託すべき額は100万円。

052 被差押債権の取立て

差し押さえた金銭債権を自ら取り立てることです。

> **Q** 金銭債権の差押債権者は、被差押債権を取り立てることができるのですか？
>
> **A** できます。

差押債権者の取立権

　金銭債権を差し押さえた債権者は、差押命令が債務者に送達された日から1週間を経過したときは、その債権を取り立てることができます（民執155条1項）。差押債権者に直截に満足を与える趣旨です。1週間の経過を要するのは、債務者に執行抗告の機会を与えるためです（民執145条6項）。

取立ての具体例

　045の設例に基づいて、この取立ての具体例を検討しましょう。Cの申立てに基づいて差押命令が発令され、差押命令正本が債務者Aに送達されますと、裁判所書記官はその旨及び送達日を差押債権者Cに通知します（民執規134条）。これにより、CはAへの送達日を知ることができますから、その日から1週間経過すると、第三債務者Bの住所に出向いて被差押債権を直接取り立てることができます。

　実務では、CがBと交渉し、差押命令正本、送達日の通知書、Cの印鑑証明書（人格の同一性の証明）等を提出して、Bから支払いを受けています。

Bが銀行等の金融機関である場合、取立額から振込手数料を控除した額をC宛てに振り込んで支払うような例が多いようです。

取立権の内容

　差押債権者は、取立てのために必要な裁判上あるいは裁判外の一切の行為をすることができます。例えば、第三債務者を被告として被差押債権の支払請求訴訟を提起することができます。この訴訟を取立訴訟といいます（民執157条。053参照）。

　通説によりますと、被差押債権に付いている担保権（例えば、抵当権）の実行をすることも、あるいは解除権等の形成権を行使することもできます。ただし、差押債権者は被差押債権の帰属主体になるわけではなく、被差押債権の処分行為（免除、和解等）をすることはできません。取立目的の行為に限り許されることがポイントです。

取立権の範囲

　差押債権者が取立権を行使することができるのは、自己の執行債権及び執

行費用の額に限られます（民執155条1項ただし書）。例えば、執行債権の額が100万円、執行費用（債権執行の申立手数料、送達料等）の額が1万円である場合、取り立てることができるのは101万円だけです。

第三債務者の地位

取立権の行使を受けた第三債務者は、債権者が競合しないときは、差押債権者の取立てに応じて任意の弁済をすることができます。あるいは、供託（民執156条1項。054参照）により債務を免れることもできます。これに対し、債権者が競合するときは供託が義務づけられます（同2項。055参照）。

また第三債務者は、執行債務者に主張することができた抗弁権は差押債権者に対しても主張することができます。例えば、反対債権による相殺は、執行債務者に対して差押え以前に取得した債権をもってする限り、被差押債権（受働債権）及び反対債権（自働債権）の弁済期の先後を問わず許されます（民511条1項、判例）。

取立ての効果

差押債権者が第三債務者から支払いを受けると、自己の執行債権及び執行費用は支払いを受けた額の限度で弁済されたものとみなされます（民執155条3項）。簡易な決済を図る趣旨です。

ポイント

差押債権者の取立権
　差押命令が債務者に送達された日から1週間経つと取立て可。

取立権の内容、範囲
　取立てのために必要な裁判上・裁判外の一切の行為。被差押債権の処分行為は不可。

取立ての効果
　差押債権者の執行債権及び執行費用は弁済を受けたのと同じ。

ミニテスト

1　金銭債権を差し押さえた債権者は、差押命令が第三債務者に送達された日から1週間を経過したときは、その債権を取り立てることができる。
2　金銭債権の差押債権者は、被差押債権につき第三債務者との間で和解をすることができる。
3　債権執行事件において、債権者が取立ての届出をしないで2年以上経過すると、差押命令が取り消されることがある。

解答　1　×　債務者に送達されてから1週間。
　　　2　×　取立目的の行為のみできる。
　　　3　○　令和元年改正（民執155-V～VIII）。

053 取立訴訟

第三債務者（被差押債権の債務者）を被告とする訴訟です。

> **Q** 第三債務者が差押債権者の取立てに応じないときは、どうなるのですか？
>
> **A** 差押債権者は取立訴訟を提起することができます。

取立訴訟の意義

052で見たとおり、金銭債権を差し押さえた債権者は、差押命令が債務者に送達された日から1週間を経過したときは、その債権を取り立てることができます（民執155条1項）。第三債務者がこの取立てに応じて任意の支払いをすれば、執行債権及び執行費用は支払いがあった額の限度で弁済があったものとみなされます（同3項）。

これに対し、第三債務者が任意の支払いに応じないときは、差押債権者は取立権に基づいて被差押債権の支払請求訴訟を提起することができます（民執157条1項）。これは、債権者代位権を行使した債権者が被代位債権につき任意の弁済がないときに、被代位債権の債務者にその支払請求訴訟を提起できるのと同じです（民423条1項本文参照）。

取立訴訟の構造

この訴訟は、第三債務者を被告として差押債権者への直接の支払いを求める訴訟です。訴訟物は執行債務者の有する被差押債権ですので、差押債権者

は他人である執行債務者の債権につき原告適格が認められることになり、これはいわゆる法定訴訟担当の一例です。注意を要するのは、執行債務者自身は被告にはならないということです。

なお、債権者が競合する場合（差押えの競合、配当要求）、第三債務者による支払いは認められず、供託が義務づけられます（民執156条2項。055参照）ので、第三債務者に対しては供託の方法により金銭を支払うべき旨を求めることになります（民執157条4項。後述の「供託判決」参照）。

配当要求遮断効

取立訴訟には、配当要求遮断効が認められます。すなわち、取立訴訟の訴状が第三債務者に送達されたときは、以後、差押え、仮差押えの執行または配当要求をすることはできなくなります（民執165条2号）。したがって、取立訴訟の訴状の送達時に配当等を受けるべき債権者の範囲が確定することになります。

他の差押債権者への参加命令

取立訴訟が提起された場合、受訴裁判所は、第三債務者の申立てにより、他の債権者で訴状送達の時までにその債権を差し押さえた者に対し共同訴訟人として原告に参加すべきことを命ずることができます（民執157条1項）。これに応じて差押債権者が参加した場合、その訴訟はいわゆる類似必要的共同訴訟となります。

供託判決

第三債務者が供託すべき義務を負う場合（民執156条2項）において、原告の請求を認容すべきときは、受訴裁判所は請求に係る金銭の支払いは供託の方法によるべき旨を判決主文に掲げなければなりません（民執157条4項）。例えば、「被告は原告に対し金○○万円を供託の方法により支払え」のような判決主文がこれです。この判決を供託判決といいます。なお、第三債務者が供託の義務を負っていない場合、単純な給付判決をすれば足ります。

この供託判決の執行は、第三債務者の財産に対する金銭執行の方法によって行われ、執行により得られた売得金等は執行機関によって供託されます（民執157条5項）。

差押債権者の責任

差押債権者は、以上のとおり被差押債権につき強力な権限を認められる反面、その行使を怠ったことによって債務者に損害を与えたときは、債務者に対して損害賠償責任を負います（民執158条）。例えば、被差押債権の取立て等の権利行使を怠り、債権を消滅時効にかからせたような場合がこれです。

ポイント

取立訴訟の構造
　差押債権者の取立権に基く第三債務者を被告とする訴え
取立訴訟の当事者適格
　原告適格　差押債権者
　被告適格　第三債務者

ミニテスト

1　取立訴訟においては、執行債務者及び第三債務者が共同被告になる。
2　金銭債権の差押債権者は、取立訴訟において、被差押債権につき被告との間で訴訟上の和解をすることができる。

解答　1　×　被告は第三債務者のみ。
　　　　　2　×　取立目的の行為のみできる。処分行為は不可。

054 第三債務者の権利供託

第三債務者が債務を免れる手段があります。

> **Q** 第三債務者が差押債権者の取立てに応じたくない場合、どうすればいいですか？
>
> **A** 被差押債権につき供託をすることができます。

供託の権利

第三債務者は、債務者の金銭債権が差し押さえられた場合、差押債権者が取立てに来ればこれに弁済して債務を免れることができます（民執155条1項本文）。これに対し、取立てに来ない場合は不利な地位に置かれます。なぜなら、差押えにより執行債務者への弁済が禁じられる（民執145条1項）一方、金銭債務は期限の経過と同時に履行遅滞に陥り、その損害賠償義務を負うからです（民419条1項本文）。

そこで、不利益回避の方策として、第三債務者は供託をすることができることとされています（民執156条1項）。この供託は、第三債務者が任意にすることができることから、権利供託と呼ばれています。

権利供託の実体上の効果

この供託は民事執行法により認められたものではありますが、この供託をすることにより、第三債務者は実体的には被差押債権につき弁済をしたものと解されていますので、実質的には弁済供託（民494条）だといえます。

被差押債権の全額の供託

第三債務者は、差押えに係る金銭債権（差押命令により差し押さえられた金銭債権に限る）の全額に相当する金銭を供託することができます（民執156条1項）。すなわち、金銭債権の全額が差し押さえられた場合のほか、その一部が差し押さえられた場合も、その全額に相当する金銭を供託することができます（昭和55.9.6民四第5333号通達）。

045の設例に基づいて、この供託の具体例を検討しましょう。例えば、CがAのBに対する300万円の債権全額を差し押さえた場合はもちろん、一部（100万円）を差し押さえた場合も、Bは300万円を供託することができます。供託根拠法令条項は、いずれの場合も「民事執行法第156条第1項」です。

被差押債権の一部の供託

上の設例の一部差押えの場合、差押金額に相当する100万円のみを供託す

ることもできます（前掲執行通達）。法令条項は、この場合も上記設例と同じです。

一部差押えにおける全部供託の場合の払渡し

上記設例の一部差押えがされた場合において、Bが債務全額（300万円）を供託したときの供託の性質が問題となります。この場合、差押部分（100万円）は執行供託であり、この100万円については差押えの効力が及んでいますから、その払渡しは執行裁判所の配当等の実施としての支払委託に基づいて行われます（民執166条1項1号、前掲執行通達）。

これに対し、差押部分を超える部分（200万円）には差押えの効力は及んでいません。Cが一部差押えの機会にたまたま全額を供託したにすぎません。そこで、この部分の供託は実質的には弁済供託の性質を有するものと解されています。したがって、この部分の払渡しは被供託者たるAの還付請求または供託者たるBの取戻請求に基づいて行われます（前掲執行通達）。

事情届出

第三債務者は、供託をしたときはその旨を執行裁判所に届け出なければなりません（民執156条3項）。この供託がされることにより、以後の配当要求が遮断され配当手続が開始します（民執165条1号、同166条1項1号）。

ポイント

第三債務者の権利供託…被差押債権の全額の供託（全部・一部差押えのいずれも）
被差押債権の一部の供託（一部差押えの場合）

 ミニテスト

1　Cが100万円の執行債権をもって、AのBに対する300万円の債権のうち100万円のみを差し押さえた場合、Bは300万円を供託することはできない。
2　1の設例において、Bが300万円を供託した場合、Aは200万円につき還付請求をすることができる。

解答　1　×　100万円、300万円のいずれも供託可。
2　○　200万円は、実質的には弁済供託。

055 第三債務者の義務供託

第三債務者が供託をしなければならない場合とは？

> **Q** 金銭債権の差押えを受けた第三債務者は、供託の義務を負うことがありますか？
>
> **A** 債権者が競合する場合、供託をしなければなりません。

債権者平等主義と第三債務者の供託の義務

　被差押債権について債権者が競合する場合、債権者平等主義を実現するためには、一部の債権者に弁済することはできません。これを許すと、満足を得られない債権者が生ずるからです。

　そこで、被差押債権について債権者が競合した場合、第三債務者に供託の義務を負わせ、債権者平等を実現することとされています。

債権者の競合する場合

　第三債務者は、取立訴訟の訴状を受ける時までに次のいずれかの事態が生じたときは、供託しなければなりません（民執156条2項）。

①二重差押えの場合

　差押えに係る金銭債権のうち差し押さえられていない部分を超えて発せられた差押命令、差押処分または仮差押命令の送達を受けたとき

②配当要求の場合

　配当要求があった旨を記載した文書の送達を受けたとき

供託の義務と実体法上の支払義務

　被差押債権の弁済期が到来していない場合や反対給付と同時履行の関係にある場合のように実体法上の支払義務が発生していない場合、当然のことではありますが、第三債務者は供託の義務は負いません。

供託すべき金額

⑴二重差押えの場合

　この場合、供託すべき金額は被差押債権の全額です。045の設例に基づいて、具体例を検討しましょう。例えば、CがAのBに対する300万円の債権の一部（100万円）を差し押さえた場合において、相次いでDが250万円の執行債権をもって差押えをした場合、Bは300万円を供託しなければなりません。

⑵配当要求の場合

　この場合は、差し押さえられた部分に相当する金額です。上の例において、CがAのBに対する300万円の債権の一部（100万円）を差し押さえた

場合において、Eが50万円の債権をもって配当要求をしたときは、Cによって差し押さえられた部分100万円を供託しなければなりません。

配当要求と全部供託

　上述の配当要求があった場合の設例において、Bは100万円の供託を義務づけられた機会に、被差押債権の全額300万円を供託して債務を免れ得るものと解されています（実務）。ただし、この場合、差し押さえられた部分（100万円）の供託は執行供託ですが、これを超える200万円については差押えの効力が及んでいませんから、この部分の供託は弁済供託（供託を義務づけられていないのに進んで供託するという意味では権利供託）です。

事情届出と供託金の払渡し

　第三債務者は、義務供託をしたときは、権利供託をした場合と同様、その旨を執行裁判所に届け出なければなりません（民執156条３項）。この供託がされることにより、以後の配当要求が遮断され配当手続が開始します（民執165条１号、同166条１項１号）。

　上記設例において、第三債務者が供託した供託金の払渡しは、義務供託に係る部分は執行裁判所の配当等の実施としての支払委託に基づいて、権利供託に係る部分（配当要求の機会に全額を供託した場合）は被供託者たるAの還付請求または供託者たるBの取戻請求に基づいて行われます（前掲通達。054参照）。

第5編　債権執行

ポイント

第三債務者が供託の義務を負う場合	供託すべき金額
❶被差押債権に差押えが競合した場合	被差押債権の全額
❷被差押債権の差押えに配当要求があった場合	差押えのあった額

 ミニテスト

1　Cが100万円の執行債権をもって、AのBに対する300万円の債権のうち100万円のみを差し押さえ、相次いでDが150万円につき差押えをしたときは、Bは300万円を供託しなければならない。
2　Cが100万円の執行債権をもって、AのBに対する300万円の債権のうち100万円を差し押さえたところ、相次いでEが50万円の債権をもって配当要求をした場合、Bは300万円を供託しなければならない。

解答　1　×　非競合につき、供託の義務は生じない。
　　　　2　×　供託を義務づけられるのは、100万円。

056 転付命令

被差押債権を差押債権者の債権にしてしまうものです。

Q 転付命令とは、どのような制度ですか？

A 被差押債権を執行債務者から差押債権者に移転させる裁判です。

意　義

転付命令とは、被差押債権を支払いに代えて券面額で差押債権者に移転させる執行裁判所の裁判です（民執159条1項）。転付命令は差押債権者の申立てによって発令され、その申立ては差押命令の申立てと同時にすることもできます。なお、転付命令を発令するに際しては、審尋の禁止の制限（民執145条2項）はありません。

転付命令の機能

後述のとおり、転付命令が確定したときは、差押債権者の執行債権及び執行費用は転付された券面額の限度で弁済されたものとみなされます（民執160条）。その結果、差押債権者としては被差押債権をもって代物弁済を受けたのと同じ結果が得られることになります。つまり、転付命令は債権者平等主義の下で事実上の優先弁済を受ける機能を有しているといえます。

転付命令の要件

①券面額

券面額（民執159条1項）とは、債権の目的として表示されている一定の金額です。金銭債権であっても、将来の債権や条件付債権（例えば、将来の賃料・給料、建物明渡前の敷金返還請求権）は、その存否が確定していないため転付命令の対象とはなりません。

②債権の譲渡性

差押禁止債権や譲渡が法律上禁止されている債権は被転付適格はありません。なお、譲渡禁止特約付債権（民466条2項）については、差押債権者の善意・悪意を問わず転付命令は有効です（判例）。当事者間の合意により差押禁止財産を作出することは認められないからです。

③債権者が競合しないこと

転付命令が第三債務者に送達される時までに、被転付債権について他の債権者が差押え・仮差押えの執行または配当要求をしたときは、転付命令はその効力を有しません（民執159条3項）。上述のとおり、転付命令はこれを受けた差押債権者（転付債権者）に優先弁済権を与える機能を有しますが、債権者が競合するときは、平等主義の建前から、これを認めることはできないか

らです。

転付命令の効力

①被転付債権の移転

　差押命令及び転付命令が確定すると、転付命令に係る金銭債権（被転付債権）が存在する限り、転付命令が第三債務者に送達された時に遡って、転付された券面額の限度で被転付債権が差押債権者に移転します（民執160条の解釈）。すなわち、被転付債権は債権譲渡があった場合と同様にその同一性を保持しつつ差押債権者（転付債権者）に移転します。

②弁済の効果

　差押命令及び転付命令が確定すると、差押債権者の執行債権及び執行費用は転付された券面額の限度で弁済されたものとみなされます（民執160条）。これにより、転付債権者は被転付債権の債権者となりますが、反面、第三債務者の無資力の危険も転付債権者の負担となります。すなわち、第三債務者の無資力その他の事情によって債権を回収できない事態となっても、執行債権は復活しません。

　なお、被転付債権が何らかの理由により存在しなかった場合、転付命令は無効です（民執160条は「債権が存する限り」と定めています）。

ポイント

　転付命令…………被差押債権を差押債権者のものにしてしまう裁判
　転付命令の効力…❶被転付債権の移転
　　　　　　　　　❷執行債権及び執行費用の弁済効

ミニテスト

1　Cが、AのBに対する債権につき転付命令を得てこれが確定したところ、Bが無資力者であることが判明した場合、Cは転付命令の申立てを取り下げることができる。

2　1の設例において、Bが被差押債権の全額をすでにAに弁済していた場合、CはAの他の財産に強制執行をすることができる。

3　Cが、AのBに対する預金債権につき転付命令を得てこれが確定したところ、BがAに対して差押え前に有していた債権をもって預金債権と相殺した場合、転付命令は効力を有しない。

解答　1　×　第三債務者の無資力は転付債権者の負担。
　　　　2　○　転付命令の確定当時に被転付債権が存在しない場合、転付命令は無効。
　　　　3　○　判例。

057 相当な方法による換価命令、債権執行における配当等

差し押さえた債権を換価する方法、差し押さえた債権の分配についてふれます。

> **Q** 被差押債権につき換価を命ずる制度、配当の定めはどうなっていますか？
>
> **A** 相当な方法による換価命令があります。債権執行において配当される例は
> 稀です。

相当な方法による換価命令

被差押債権に条件や期限が付いていたり、あるいは反対給付に係ることその他の事由により取立ての困難な債権があります。これらの債権については、差押債権者による取立てや第三債務者による供託のような換価手続を利用することはできません。

そこで、被差押債権につきこのような取立ての困難な事由がある場合、執行裁判所は差押債権者の申立てにより、以下に述べる譲渡命令等の相当な方法による換価を命ずることができることができることとされています（民執161条1項）。

譲渡命令

被差押債権を執行裁判所の定める価額で差押債権者に譲渡する裁判です。被差押債権が差押債権者に移転する点で転付命令に類しています。

そこで、譲渡命令には転付命令に関する諸規定が準用されています（民執161条7項、同159条2項、3項、同160条）。

したがって、譲渡命令が確定したときは、差押債権者の執行債権及び執行費用は執行裁判所の定める価額で、譲渡命令が第三債務者に送達されたときに弁済されたものとみなされます。

売却命令

被差押債権の取立てに代えて、執行裁判所の定める方法によりその債権の売却を執行官に命ずる裁判です。執行官による売却は、不動産の強制競売の方法に準じて行われます（民執161条7項、同65条、同68条）。

売却の手続が終了したときは、執行官は売得金を執行裁判所に提出し（民執規141条4項）、執行裁判所によって配当等が実施されます（民執166条1項1号）。

管理命令

執行裁判所が管理人を選任して、被差押債権の管理を命ずる裁判です。その管理による収益をもって執行債権の満足を図る方法です。不動産の強制管理に関する諸規定が準用されます（民

執161条7項、同94条2項等）。

その他の換価命令

執行裁判所は、譲渡命令等のほか相当な方法による換価を命ずることができることとされています（民執161条1項）。

配当等を実施すべき場合

債権執行においては、配当等の手続が実施されることは稀です。なぜなら、差押債権者による取立て（052参照）あるいは転付命令（056参照）等により弁済の効力が生じ、これにより執行手続が終了することが多いからです。

配当等の手続が実施されるのは、次の場合です（民執161条7項、同107

条、同109条）。

①第三債務者が供託をした場合（民執156条1項、2項）
②取立訴訟における供託判決に基づいて執行機関が供託した場合（民執157条5項）
③売却命令による売却、管理命令による管理がされた場合

配当等を受けるべき債権者

第三債務者が供託をした時、取立訴訟の訴状が第三債務者に送達された時または売却命令により執行官が売得金の交付を受けた時までに、差押え・仮差押えの執行をした債権者または配当要求をした債権者です（民執165条）。

なお債権執行における配当要求債権者については、051を参照。

ポイント

相当な方法による換価命令
　譲渡命令、売却命令、管理命令、その他の方法
債権執行において配当等が実施される場合
　稀であり、第三債務者が供託をした場合等に限られる。

　ミニテスト

1　債権執行において差押えが競合したために第三債務者が供託をした場合、その供託金については配当等が実施される。
2　債権執行において仮差押えの執行をした債権者は、配当等を受けることがある。

解答　1　○
　　　　　2　○　民執165条柱書。

058 少額訴訟債権執行

少額訴訟の債務名義による債権執行の特例があります。

Q 少額訴訟債権執行とはどのような手続ですか？

A 少額訴訟で債務名義を取得した債権者に認められる簡易な金銭債権執行です。

少額訴訟債権執行の特例

少額訴訟の趣旨は、訴額に見合った負担で裁判を受ける権利を保障するにあり、その趣旨を貫徹するためには、債務名義取得後の執行の段階でも簡易迅速に債権を実現する手続があってよいはずです。

少額訴訟における確定判決等の債務名義による金銭債権に対する強制執行のうち、裁判所書記官の行うものを少額訴訟債権執行といいます（民執167条の2第1項）。

なお、この特例はあくまでも債権者保護のための特例ですから、その適用対象となる事件であっても、地方裁判所に対して通常の債権執行の申立てをすることは可能です。

少額訴訟債権執行の適用対象

①金銭債権執行

少額訴訟債権執行においては、債務者の責任財産のうち金銭債権に対する強制執行のみをすることができます（民執167条の2第1項柱書）。すなわち、例えば不動産執行や動産執行の申立てをすることはできません。

②債務名義の範囲

少額訴訟債権執行の根拠となる債務名義は、少額訴訟における確定判決・和解・認諾調書等の債務名義に限られます（民執167条の2第1項）。

少額訴訟債権執行の開始等

①少額訴訟債権執行の管轄

少額訴訟債権執行の申立ては、債務名義に応じて一定の簡易裁判所の裁判所書記官に対してします（民執167条の2第3項）。簡易裁判所に対してするのではありません。

②差押処分、その内容

少額訴訟債権執行は、裁判所書記官の差押処分により開始します（民執167条の2第2項）。裁判所書記官は、差押処分において、債務者に対し差押えに係る金銭債権の取立てその他の処分を禁止し、かつ第三債務者に対しては債務者への弁済を禁止します（民執167条の5第1項）。

その他、債務者及び第三債務者の審尋の禁止、差押処分の送達、差押処分の効力の発生時期について、通常の債権執行における差押命令についての諸

規定が準用されています（同2項、民執145条2項～4項）。

③裁判所書記官の執行処分の効力等

　少額訴訟債権執行の手続において裁判所書記官が行う執行処分は、特別の定めがある場合を除き相当と認める方法で告知することによってその効力を生じます（民執167条の4第1項）。この執行処分に対しては、執行裁判所（その書記官の所属する簡易裁判所）に執行異議の申立てをすることができます（同2項、同167条の3）。

地方裁判所の債権執行手続への移行

　少額訴訟債権執行においては、以下の2つの場合、執行裁判所たる簡易裁判所は、事件をその簡易裁判所の所在地を管轄する地方裁判所の債権執行手続に移行させなければなりません（民

執167条の10第1項、同167条の11第1項）。これらの場合、複雑困難な判断を必要とすることが多く、簡易裁判所レベルで解決させるのは適切でないからです。

①転付命令等の申立てがあった場合
②配当の必要がある場合

　簡易裁判所の裁量により移行する場合もあります（民執167条の12第1項）。

代理人の資格の特例

　いわゆる認定司法書士のうち、その少額訴訟の手続において訴訟代理人となったものは、少額訴訟債権執行につき代理権が認められます（司書3条1項6号ホ、同6項、7項ただし書）。すなわち、その少額訴訟の手続において訴訟代理人となった者に限り代理権が認められます。

ポイント

少額訴訟債権執行の特例
❶執行方法は金銭債権執行に限定
❷債務名義は少額訴訟において成立したものに限定
❸管轄は簡易裁判所の裁判所書記官
❹地方裁判所の債権執行手続への移行の特例
❺代理人の資格の特例（認定司法書士のうち少額訴訟の訴訟代理人となった者）

ミニテスト

1　少額訴訟の仮執行宣言付判決を債務名義として少額訴訟債権執行の申立てをすることができる。

2　少額訴訟債権執行は、簡易裁判所の差押処分により開始する。

解答　1　○
　　　　2　×　管轄は簡易裁判所の裁判所書記官。

117

059 扶養義務等に係る金銭執行の特例

扶養義務等の支払義務についての執行の特例があります。

Q 扶養義務等に係る金銭執行の特例の最大のポイントは何ですか？

A 間接強制を導入したことです。

間接強制の導入

扶養義務等に係る金銭債権（民執151条の2第1項）の強制執行については、直接強制によるほか間接強制の方法（064参照）によることもできます（民執167条の15第1項本文）。

すなわち、直接強制の方法（不動産執行、動産執行、債権執行のように、債務者の責任財産の差押え→売却→配当というステップを踏んで債権の回収を図る方法）によるのでは、債権者が実際に債権を回収するまでにはかなりの時間と費用とを要します。そこで、資力がありながら任意の履行をしない債務者に対しては、間接強制の方法により効果的に権利の実現を図ることが考えられたわけです。

間接強制の要件

本特例は、扶養義務等に係る金銭債権の債務者が支払能力があるのに支払わない場合を想定しています。適用に当たっては、以下の3つの要件が備わることを要します（民執167条の15第1項）。

①執行債権が扶養義務等に係る金銭債権（民執151条の2第1項）であること

②債権者の申立てがあること

③債務者が無資力でないこと

間接強制金の額

間接強制は、債務者に金銭の支払いを命ずることにより心理的強制を加える強制執行ですから、あまりに低額であればその機能を発揮しえないでしょうが、かといって高すぎても問題があります。そこで、間接強制金の額は、執行裁判所が事件に応じて裁量により決定することとされ、特に考慮すべき事情が法定されています。「特に考慮すべき事情」とは、以下の3つです（民執167条の15第2項）。

①債務不履行により債権者が受けるべき不利益

②債務者の資力

③従前の債務の履行の態様

間接強制の取消し、執行停止

執行裁判所は、事情の変更があったときは、債務者の申立てにより、その申立てがあった時にまで遡って間接強

制の決定を取り消すことができることとされています（民執167条の15第3項）。「事情の変更があったとき」とは、例えば債務者の資力がなくなったような場合を指します。

定期金債権を請求する場合の特例

　扶養義務等に係る金銭債権が確定期限のある定期金債権である場合において、その一部に不履行があるときは、その定期金債権のうち6か月以内に確定期限が到来するものに限り、間接強制による強制執行を開始することができます（民執167条の16）。これは、執行債権が扶養義務等に係る定期金債権である場合において、間接強制の方法による執行につき、その開始の要件につき特例を設けたものです。

　本条の定める間接強制の特例は、上記の定期金債権につき、期限未到来の定期金についても、6か月以内に確定期限が到来するものに限定して間接強制を認めるものです。

ポイント

扶養義務等に係る確定期限のある金銭執行の特例
❶間接強制の導入
❷債務者が無資力でないこと等の要件
❸間接強制金の額は、執行裁判所が事件に応じて裁量により決定
❹確定期限のある定期金債権については、6か月以内に期限が到来するものに限定

ミニテスト

1　「Aは、Bに対し、ABの長女Cが成年に達するまで、養育費として毎月3万円を支払う」旨の家事調停調書が成立した場合において、債務者が無資力であるときは、間接強制の方法による強制執行をすることはできない。

2　1の設例において、1か月分の養育費が支払われなかったときは、将来の養育費全額につき間接強制の方法による強制執行が認められる余地がある。

解答　1　○　債務者が無資力でないことが要件。

　　　　2　×　この場合、6か月内に確定期限が到来する養育費に限定される。

060 動産の引渡請求権に対する執行

貸金庫内のものを差し押さえる手続だと考えてみて下さい。

Q 貸金庫の内容物を差し押さえたい場合、どのような手続をとればいいですか?

A 動産の引渡請求権に対する債権執行をして、次に動産執行をします。

第三者の占有する動産に対する執行のプロセス

債務者の所有する動産であっても、それを占有する第三者が提出を拒むときは、いきなり動産執行をすることはできません(民執124条。038参照)。そこで、この場合、その目的動産を売却して金銭債権を回収するには、やや回り道になりますが、次のような手続によります。

すなわち、まず①債務者が第三者に対して有する引渡請求権をいったん差し押さえて目的動産の占有を債務者に移し(これは民執143条の債権執行)、その上で②目的動産を換価する(これは動産執行による売却)のです。後は、その換価金につき執行裁判所で配当等を受けるという手順です。

以上のプロセスを045の図に示すと、次のとおりです。AのBに対する債権が金銭債権ではなく動産の引渡請求権である場合、まずこの引渡請求権を差し押さえてその占有をいったんAに移し、次にこの動産を動産執行による売却の手続により売却して換価します。この換価代金をもってCの執行債権(金銭債権)を満足させるのがこの執行です。

動産の引渡請求権の差押命令の執行

動産の引渡請求権(例えば、銀行の顧客が銀行に対して有する貸金庫の内容物の引渡請求権)に対する差押えは、執行裁判所の差押命令によって開始されます(民執143条)。

差押債権者は、債務者に差押命令が送達された日から1週間を経過すると、第三債務者に対し、差押債権者の申立てを受けた執行官に動産を引き渡すよう請求することができます(民執163条1項)。

執行官による占有、売却

引渡しを受けた執行官は、動産執行の売却手続によりこれを売却しその売得金を執行裁判所に提出します(民執163条2項)。

執行裁判所による配当等

執行官から提出された売得金については、執行裁判所において配当等の手

続が実施されます（民執166条1項3号）。すなわち、動産の引渡請求権に対する執行においては動産の売却が執行官によって行われるだけであり、執行機関は執行裁判所です（民執144条1項、2項）から、配当要求も執行裁判所にするわけです。

配当要求の終期は、執行官が動産の引渡しを受けた時です（民執165条4号）。なお、動産の引渡請求権そのものが売却できる場合、差押債権者は譲渡命令や売却命令等を求めることも可能です（民執161条）。

不動産の引渡請求権に対する執行

この強制執行については規定がありませんが、その必要がないからです。すなわち、不動産の強制競売は債務者がその不動産を占有していないときでも行うことができます。また、強制管理の方法による場合、第三者が占有する不動産を取り上げる必要があるときは、管理人によってそれが実現されます。

ポイント

動産の引渡請求権に対する執行のプロセス
❶債務者が第三者に対して有する引渡請求権の差押え（債権執行）
❷執行官が動産の占有を第三者から取り上げて債務者に移転（差押命令の執行）
❸動産執行の方法による売却
❹代金を執行裁判所に提出
❺執行裁判所による配当等（債権執行）

ミニテスト

1　銀行の顧客Aが銀行Bに対して有する貸金庫の内容物の引渡請求権を差し押えた債権者Cは、差押命令がAに送達された日から1週間を経過すると、Bに対し、その内容物を自己に引き渡すよう請求することができる。
2　不動産の引渡請求権に対する執行の手続は、動産の引渡請求権に対する執行の手続に準じて行われる。

解答　1　× 自己ではなく執行官に引き渡すよう求めることができるだけ。
　　　　2　× 不動産の引渡請求権に対する執行については、特別な規定は不要。

061 非金銭執行

金銭債権以外の請求権を満足させるための強制執行です。

Q 非金銭執行とは何ですか？

A 金銭の支払いを目的としない請求権についての強制執行です。

非金銭執行

金銭の支払いを目的としない請求権を満足させるための強制執行を、非金銭執行といいます。

物の引渡請求権と作為・不作為請求権

金銭の支払いを目的としない請求権は、金銭以外の物の引渡しを目的とする請求権と、その他の作為または不作為を目的とする請求権とに大別されます。これを、民法上のいわゆる「与える債務」と「なす債務」との区別に対応させると、物の引渡し（明渡し）を目的とする請求権は与える債務に、その他の作為または不作為を目的とする請求権はなす債務に相当します。

非金銭執行の４つの態様

金銭執行の場合、債務者の責任財産から金銭を取り立てることを目的とするため、直接強制（差押え→売却・収益→配当等＝金銭債権の実現）を認めれば足ります。これに対し、金銭の支払いを目的としない請求権は、その内容や目的が多様であり、これに応じて

強制執行の方法も異なります。

非金銭執行は、概ね次の４つの態様により行われます。

①物の引渡しを目的とする請求権については直接強制（例外的に間接強制）

②債務者以外の者によっても給付できる（不）作為請求権については代替執行（例外的に間接強制）

③作為・不作為請求権のうち、代替執行のできないものについては間接強制

④意思表示を目的とする請求権については意思表示を擬制する方法

直接強制

執行機関が債務者の財産に対して権力を行使し、債務者の意思にかかわりなく請求権の内容を直接実現させる執行方法です（民414条１項本文）。この方法は、給付結果を直接実現しうる点で請求権の実現の手段としては最も効果的ですので、金銭執行及び物の引渡しを目的とする請求権の執行に適しています。

この直接強制が可能な場合、代替執

行は許されませんが、間接強制は認められる場合があります（民執173条１項、同168条１項）。

代替執行、間接強制

作為・不作為を目的とする請求権は直接強制に適しません。というのは、債務者に一定の行為をさせまたはさせない請求権は、その内容を執行機関によって直接実現してもらうことは不可能または困難だからです。もし直接強制をするとなると、人格の尊重という理想に悖ることにもなります。

そこで民法及び民事執行法は、この請求権については直接強制を認めず、代替執行または間接強制という２つの執行方法を認めています。すなわち、請求権の内容である債務者の行為が第三者によっても実現可能かどうかを基準にして、これが可能なものについては代替執行（一部は例外的に間接強制も）を、これが不可能なものについては間接強制という執行方法を認めています。

強制履行の限界

債権の性質上、強制執行による実現を求めることのできないものもあります（民法414条１項ただし書）。例えば、芸術上の創作義務については間接強制さえ許されません。このような債権は、結局は損害賠償請求権としての金銭債権に転換させて満足を受けるしかないわけです。

ポイント

非金銭執行の４つの態様
❶物の引渡しを目的とする請求権については直接強制（例外的に間接強制）
❷作為・不作為請求権のうち、債務者以外の者によっても給付を実現できるものについては代替執行（例外的に間接強制）
❸作為・不作為請求権のうち、代替執行のできないものについては間接強制
❹意思表示を目的とする請求権については意思表示を擬制する方法

ミニテスト

1 物の引渡しを目的とする請求権の強制執行の方法は、直接強制が理想的である。
2 高名な画家に肖像画を描いてもらう契約をしたが、画家が肖像画を描かない場合、判決を得て間接強制の方法により強制執行をすることができる。

解答 1 ○
2 × 強制履行の限界（損害賠償請求権に転換させて金銭執行をするしかない）。

062 不動産の引渡しの強制執行

不動産の占有を排除するための強制執行です。

> **Q** 不動産の引渡しの強制執行はどのような方法でするのですか？
> **A** 執行官が債務者の占有を解いて債権者に占有させる方法により行われます。

不動産の引渡し（明渡し）の強制執行

　不動産または人の居住する船舶等（キャンピングカー等の動産）の引渡しまたは明渡しの強制執行は、執行官が目的物に対する債務者の占有を解いて債権者にその占有を取得させる方法により行います（民執168条1項）。

「引渡し」と「明渡し」

　「引渡し」とは、単に占有を移転することです。「明渡し」とは、引渡しのうち特に居住する人を立ち退かせたり、置かれている物品を取り払って占有を移転することを指します。実務では、「建物収去土地明渡請求訴訟」や「建物明渡請求訴訟」のような訴訟においてよく用いられる用語です。

　建物収去土地明渡請求訴訟は、例えば土地の賃貸人が賃借人に対し、賃貸借契約の終了に基づく目的土地の返還請求として、建物を収去（取り壊すこと）した上で、土地を更地にして占有を移すよう求める訴訟です。建物明渡請求訴訟は、例えば建物の賃貸人が賃借人に対し、賃貸借契約の終了に基づ

く目的建物の返還請求として、建物内の家財道具等を搬出した上で、建物を原状に復して（空き家にして）占有を移すよう求める訴訟です。

債権者またはその代理人の出頭

　不動産の引渡し（明渡し）の強制執行においては、目的不動産の占有を債権者に移転する必要があります。そこで、債権者またはその代理人が執行の場所に出頭したときに限り執行することができます（民執168条3項）。

執行官の権限

①占有者への質問等

　不動産の引渡し（明渡し）の執行の執行機関は、上述のとおり執行官です（民執168条1項）。執行官は、この強制執行をするために不動産等の占有者を特定する必要があるときは、その不動産等に在る者に対し質問をしたり文書の提示を求めることができます（民執168条2項）。

②立入権等

　執行官は、不動産の引渡し（明渡し）の強制執行をするに際し、目的不

動産等に立ち入り、必要があるときは閉鎖されている戸を開くため必要な処分（例えば、鍵屋に解錠させる）をすることができます（民執168条4項）。

目的外動産の処理

執行官は、この強制執行において、その目的物でない動産（目的外動産）を取り除いて債務者等で相当の弁えのある者にこれを引き渡さなければなりません（民執168条5項前段）。債務者等に引き渡すことができないときは、執行官はこれを売却することができます（同後段）。引渡しまたは売却をしなかった動産は、執行官が保管しなければなりません（民執168条6項）。

明渡催告の制度

執行官は、不動産等の明渡執行の申立てがあった場合において、その強制執行を開始することができるときは、法定の引渡期限を定めて明渡しの催告をすることができます（民執168条の2第1項本文）。

これは、債務者に酷な結果となることを回避するための制度です。すなわち、目的不動産が例えば居住用建物である場合、第1回の執行期日にいきなり明渡しの断行（実際に家財道具類を建物外に搬出すること）をすると、債務者は直ちに生活の本拠を失ってしまいます。それではいかにも酷であるという配慮から、実務では、第1回の執行期日には断行日を告知するに留める運用（例えば、明渡しを1か月間猶予し、その間に任意の転居を促す）が行われてきました。実務のこの運用を明文化したのが明渡催告の制度です。

ポイント

不動産の引渡し（明渡し）の強制執行の方法
　執行官が目的物に対する債務者の占有を解いて債権者にその占有を取得させる
目的外動産の処理
　❶債務者等への引渡し
　❷引渡不能のときは執行官が売却
　❸引渡しまたは売却をしなかった動産は執行官が保管

ミニテスト

1　建物の明渡しの強制執行は、債権者またはその代理人が執行の場所に出頭しないときは執行することができない。

2　住居の明渡しの強制執行において、執行官が建物外に搬出した家財道具は、引取りを催告したにもかかわらず債務者が引き取らない場合、没収することができる。

解答　1　○

　　　　2　×　目的外動産が没収されることはない。

063 代替的作為債権・不作為債権の執行

債務者以外の者が代わって履行できる債務についての強制執行です。

Q 代替的作為債権・不作為債権の執行はどのような方法でするのですか？

A 代替執行の方法でします。

代替的作為債権

債権の目的たる行為が債務者以外の第三者によってされても債務の本旨に従った給付と認められる債権を、代替的作為債権といいます。例えば、建物の収去（建物の解体）を求める請求権や新聞紙上に謝罪広告の掲載を求める請求権がその好例です。

建物の解体工事は債務者自身がしなくてもその他の者が代わってすることができます。また、新聞社との間で謝罪広告を掲載する旨の契約は、債務者自身がしなくても、その他の者が代わってすることができます。

授権決定（代替執行）

代替的作為債権の強制執行は、原則として代替執行の方法により行われます（例外的に間接強制が認められる例⇒民執173条1項前段、民執168条1項の不動産引渡し）。この代替執行は、債権者の申立てにより執行裁判所が発令します。管轄は執行文付与の訴えと同じです（民執171条1項、2項、民執33条2項）。

執行裁判所は、債権者の申立てを認めるときは、債務者の費用をもってその作為（代替行為）を第三者に実施させることを債権者に授権する旨の決定（授権決定）をします。授権決定をするには債務者の審尋が必要です（民執171条3項）。

執行費用前払決定

執行裁判所は、授権決定をする場合、債権者の申立てにより、代替行為をするために必要な費用を予め債権者に支払うべき旨を、債務者に命ずることができます（民執171条4項）。例えば、建物の解体工事費用の見込額を算出し、その支払いを債務者に命ずることができます。

この費用前払決定は債務名義になります（民執22条3号、同171条5項）。したがって、債務者がこの決定に従って費用を任意に支払わないときは、債権者は通常の金銭執行の方法によって債務者の責任財産に対して強制執行をして費用を取り立てることができます。つまり、代替的作為債務が任意に履行されない場合、債権者は最終的には金銭執行により満足を受けざるを得

ないことになります。

執行費用額の確定処分

執行費用前払決定がないかまたは前払額が不足する場合、債権者は執行裁判所の裁判所書記官に執行費用額の確定処分（民執42条4項）を求めた上で、これを債務名義として通常の金銭執行をすることもできます（民執22条3号、同42条7項）。

不作為債権の執行

不作為を目的とする債務についての強制執行は、債務者がした行為の結果を債務者の費用をもって除去し、または将来のため適当な処分をする方法により行われます（民執171条1項1号）。これは、不作為債権について代替執行を認める規定です。この執行は、代替的作為債権におけると同様、執行裁判所が授権決定をする方法により行われます（民執171条1項柱書）。

例えば、債権者の通行を禁止してはならない債務（不作為債務）を負う者が通行を妨げる柵を実際に設けてしまった場合、柵の撤去工事は債務者以外の者にさせ、それに要した費用を債務者に負担させる旨の裁判によって執行します。債権者は、費用支払決定を債務名義として、債務者の責任財産に対して強制執行をすることができます。

不作為債権で代替執行をすることができないもの

不作為債権の中には代替執行をすることができないものがあります。例えば、立入禁止義務に違反して立ち入っている場合がこれです。その執行については、間接強制（064参照）が認められます（民執172条1項）。

第6編 非金銭執行

ポイント

代替的作為債権の強制執行の方法
行為を債務者に代わって第三者に行わせ、その費用を債務者に負担させる旨の裁判によって執行する（代替執行）

ミニテスト

1　「被告は、原告に対し、別紙物件目録記載の建物を収去せよ」という判決が確定した場合、その強制執行は、建物の解体工事を第三者に行わせ、その費用を債務者（被告）に負担させる旨の裁判を得る方法により行う。

2　執行裁判所は、1の費用を債務者の負担とする旨の裁判をする場合、債権者の申立てにより、一定額を予め債権者に支払うべき旨を、債務者に命ずることができる。

解答　1　○　代替執行の方法。
　　　2　○　授権決定における執行費用前払決定。

064 不代替的作為債権の執行

債務者自身でなければ履行できない債務についての強制執行です。

Q 不代替的作為債権の執行はどのような方法でするのですか？

A 任意の履行をしないと制裁金を支払わせる旨の裁判をすることにより履行を間接的に促す方法で行われます。

不代替的作為債権

債務者本人による給付でなければ債務の本旨に従った給付とは認められない債権を、不代替的作為債権といいます。例えば、株式会社に対する名義書換請求権（会社133条1項）がその好例です。当の株式会社以外の者が名義書換をするということは考えられないでしょう。

嬰児の引渡請求権もその一例です（「子の引渡しの強制執行」を参照）。

間接強制

不代替的作為債権の執行は、執行裁判所が、債務の履行を確保するために相当と認められる一定額の金銭を債権者に支払うべき旨を債務者に命ずる方法により行います（民執172条1項）。これは、制裁金の支払いを命ずることにより債務者に心理的な強制を加え、もって債務の履行を間接的に強制する方法であり、間接強制と呼ばれます。例えば、離婚をめぐるトラブルの一環として生ずることがありますが、嬰児の引渡義務を負う債務者が嬰児を任意に引き渡さない場合、「引き渡さないと1日当たり3万円を支払わせる」旨の裁判を出す例が考えられます。

間接強制の補充性及びその緩和

上の例でも窺われるとおり、間接強制は債務者の人格に干渉する度合いが強いといえます。このため、間接強制は代替執行によることができないものに限って許されることとされています（民執172条1項）。なお、平成15年改正では補充性が緩和され、本来は直接強制や代替執行の方法によるべきである不動産の引渡し・明渡しほかの強制執行についても間接強制の方法が認められました（民執173条1項前段）。これにより、同条項所定の強制執行については債権者は執行方法を選択できることになりました。

間接強制の手続

執行裁判所は、債権者の申立てにより、不代替的作為債権を表示した執行力のある債務名義（例えば、嬰児の引渡義務を定めた家事調停調書）に基づ

いて、一定額の金銭を債権者に支払うべき旨の決定をします。この決定は債務名義となります（民執22条3号、同172条5項）。したがって、債務者が任意の履行をしない場合、債権者はこれを債務名義として債務者の責任財産に通常の金銭執行をすることができます。

間接強制の執行裁判所、審尋

間接強制の執行裁判所は、代替執行の規定が準用されています（民執172条6項、同171条2項）。例えば、上述の嬰児の引渡請求権を定めた債務名義が家庭裁判所の判決や調停である場合、その家庭裁判所が執行裁判所となります（民執171条2項による同33条2項1号の準用）。

また、間接強制における金銭支払決定をするには、相手方を審尋しなければなりません（民執172条3項）。

子の引渡しの強制執行

この強制執行の方法については、従来、①動産の引渡しの強制執行の方法（民執169条1項）を認める直接強制説、②間接強制説、③原則として間接強制によりながら将来のために適当な処分として子の取上げ・引渡しを認める折衷説がありました。

令和元年改正では、子の福祉に十分な配慮をする等の観点から、①直接強制の方法と②間接強制の方法とが認められました（民執174条1項前段）。両者の関係については、直接強制は補充的な方法と位置づけられています（同条2項）。なお、直接強制の方法による場合、原則として債務者審尋が必要です（民執174条3項本文）。また、債権者またはその代理人の出頭が必要です（民執175条3項、6項）。

ポイント

不代替的作為債権の強制執行の方法
制裁金の支払命令により間接的に履行を促す方法による（間接強制）

ミニテスト

1 「被告は、原告に対し、被告と原告の長女〇〇子を引き渡せ」という判決が確定した場合、その強制執行は、債務者（被告）に対し、任意の履行をしないと一定額の金銭を支払わせる旨の裁判をする方法により行うことができる。

2 「Yは、Xに対し100万円を支払え」という判決が確定したにもかかわらず、Yが任意の履行をしない場合、Xは、執行官に対し、その旨を官報に掲載して公告する方法による強制執行を求めることもできる。

解答　1 ○ 間接強制。
　　　2 × このような制度（債務不履行者名簿制度）は、わが国にはない。

065 意思表示を求める請求権の強制執行

意思表示すべき債務の強制執行もあります。

> **Q** 意思表示をすべき債務の執行はどのような方法でするのですか？
>
> **A** 裁判をもって債務者の意思表示を擬制する方法によって行います。

意思表示

意思表示とは、一定の法律効果の発生を欲する意思を外部に対して表示する行為であるといわれています。例えば、売買の成立という法律効果を発生させようと欲する者が、ある物を売りたいという意思を表示するのがその一例です。これが、買い主の買いたいという意思表示と合致すれば、売買契約が成立します（民555条）。これにより各種の法律効果が発生します。

意思表示と法律行為

法律行為は意思表示を重要な構成要素とする法律要件であるといわれますが、両者を区別する実益はほとんどなく、したがって実務上も講学上も両者はほとんど同義で用いられています。以下で検討する意思表示義務の強制執行についても同様です。そこで、以下、両者を特に区別しないで述べることにします。

意思表示を求める請求権

債務者の意思表示を求める請求権は、債権の分類としては不代替的作為債権に属します。債務者に代わって他人が意思表示をすることはできないからです。

ここでいう意思表示は、上述の狭義の意思表示に限られず、法的擬制によって一定の法律効果を生じさせうるものであれば足りると解されています。例えば、準法律行為であるといわれる意思の通知（例えば、催告）や観念の通知（例えば、債権譲渡の通知）もこれに含まれます。

意思表示を求める請求権の執行

上述のとおり意思表示を求める請求権は不代替的作為債権に属しますから、その執行は本来ならば間接強制の方法によるべきです。しかし、この債権は債務者の現実の意思表示を求めること自体を目的とするものではなく、意思表示によってもたらされる法律効果の発生を目的としています。

したがって、この種の請求権の執行にあっては、間接強制のような迂遠な方法ではなく、より直截な方法が認められてよいはずです。

執行方法

平成29年に改正される前の民法には、法律行為（意思表示）を目的とする債務については、裁判をもって債務者の意思表示に代えることができる旨の定めがありました（旧民414条2項ただし書）。しかし、同改正ではその規定を削除し、執行方法については民事執行法に定めることとしました（民414条1項本文「その他の方法」が意思表示を求める請求権の執行方法である）。これを受けた民事執行法の規定が第177条です。

意思表示の擬制時期

民事執行法は、債務者の意思表示が擬制される時期についても明文の規定をおいています。すなわち、意思表示をすべきことを債務者に命ずる判決その他の裁判が確定し、または和解、認諾、調停等が成立したときは、債務者はそれらの確定の時または成立の時に意思表示をしたものとみなされます（民執177条1項本文）。

判決による登記

執行方法として意思表示の擬制の方法が利用されるのは、実務上はほとんどが登記申請に関する意思表示です。そこで、066以下で判決による登記についてやや詳細に述べることにします。

ポイント

意思表示を求める請求権の強制執行の方法＝裁判等による意思表示の擬制

ミニテスト

1　不動産の売主Aが所有権移転登記に必要な書類を交付しないため、買主BがAを被告として「被告は、原告に対し、別紙物件目録記載の不動産の所有権移転登記手続に必要な書類を引き渡せ」という訴えを提起して請求認容の確定判決を得たとする。この場合、Bは、この確定判決を債務名義として、動産の引渡請求権の強制執行の方法によって必要書類の引渡しを受けたときは、Aの協力がなくても所有権移転登記を実現することができる。

2　1の設例において、Bが「被告は、原告に対し、別紙物件目録記載の不動産につき、令和〇〇年〇〇月〇〇日売買を原因とする所有権移転登記手続をせよ」という訴えを提起して請求認容の確定判決を得たときは、BはAの協力がなくても所有権移転登記を実現することができる。

解答　1　× この判決をもってしては、B単独で登記申請をすることはできない（訴訟物の構成自体が適切でない）。

　　　　2　○ 不登63条1項（066以下参照）。

066 判決による登記

判決によって単独で登記を実現することもできます。

Q 判決による登記とは何ですか？

A 登記を命ずる判決をもって単独で登記申請をすることです。

共同申請の原則

不動産の権利に関する登記は、登記権利者及び登記義務者の申請に基づいてされます（不登60条。「共同申請の原則」）。すなわち、登記を実現させるためには、相手方である登記権利者または登記義務者の協力（その中心的な内容は、登記所に対する登記申請の意思表示）が必要であり、当事者の一方が単独で登記の申請をすることはできません。

利害が相対立する当事者に共同で申請させることにより、登記の真正を制度的に確保する趣旨です。

登記義務者の意思表示の擬制

登記義務者の債務の主な内容は、上述のとおり登記所に対する登記申請の意思表示ですから、登記義務者が登記の申請に協力しない場合、登記権利者はその意思表示を請求することができます。

具体的には、登記権利者は、一定内容の登記申請手続への協力を求める訴訟を登記義務者に対して提起し、その勝訴判決をもって登記義務者の意思表示を擬制します（民執177条1項本文）。この擬制が意思表示を求める請求権の強制執行の代表例です。

登記義務者の意思表示の擬制の時期

民事執行法は、意思表示の成立時期についても明らかにしています。すなわち、意思表示をすべきことを債務者に命ずる判決等が確定・成立したときは、債務者はその確定・成立の時に意思表示をしたものとみなされます（民執177条1項本文）。つまり、判決等が確定・成立した時に登記義務者の登記申請の意思表示が成立したことになるわけです。

登記権利者による単独申請

このようにして判決により登記義務の存在が明確にされますと、登記の真正は確保されたことになりますから、もはや共同申請を強いる必要はなく、登記権利者は登記の単独申請が可能となります（不登63条1項）。登記権利者によるこの単独申請を、判決による登記と呼びます。

なお、以上は登記義務者が登記義務を任意に履行しない場合の説明ですが、不動産登記法の上記条項は、逆に登記権利者が登記の引取りを拒否しているような場合に、登記義務者が登記権利者に対し登記の引取りを訴求し、その確定の勝訴判決に基づいて単独申請をすることも認めています。

登記請求権

　共同申請の原則の下では、当事者の一方が登記申請に協力しないと他方の当事者は登記を実現することができませんので、当事者の一方は他方に対してその協力を請求しうる実体法上の権利が認められるべきです。この一定の者に対して登記申請に協力するよう請求しうる実体法上の権利を、登記請求権といいます。

登記権利者、登記義務者

　登記権利者とは、不動産の権利に関する登記をすることによって形式的に利益を受ける者であり、登記義務者とは逆に不利益を受ける者です。いずれも不動産登記法上の概念で（例えば、不登60条）、登記手続上の観点から固定的に定まっています。

　これに対し、上述の登記請求権の当事者である登記請求権者及びその相手方である登記協力義務者は実体法上の概念であり、登記手続上の権利者・義務者の概念とは必ずしも一致しません。

ポイント

判決による登記＝意思表示を判決で代用する手法による登記の単独申請

ミニテスト

1　不動産の売主Ａが買主Ｂへの所有権移転登記に協力したいのに、Ｂが固定資産税等を負担したくないために登記申請に協力しない場合、ＡはＢを被告として所有権移転登記請求訴訟を提起し、その確定判決を得たときは、単独で登記申請をすることができる。

2　1の設例において、Ａが登記に協力しない場合、ＢはＡに対し所有権移転登記請求訴訟を提起することができるが、その訴訟物は物的請求権のほか債権的請求権と構成することもできる。

解答　1　○　登記の引取請求訴訟。
　　　　　2　○　判例の立場。

067 判決による登記における「判決」

登記の単独申請をするための裁判の内容です。

Q 「判決」とは何ですか？

A 一定の具体的な登記申請手続をすべき旨を命ずる確定の給付判決です。

給付判決

判決による登記をするためには、その判決は一定の登記申請手続をすべき旨を命ずる給付判決でなければなりません。したがって、形成判決や確認判決をもってしては判決による登記をすることはできません（判例、先例）。

登記義務を具体的に命ずる判決

給付判決であっても、登記申請手続を具体的に命じているとはいえない判決、例えば「被告は、原告に対し所有権移転登記手続に必要な書類を交付せよ」とか、「被告は、原告に対し別紙物件目録記載の不動産を売り戻せ」といった判決では不十分です。このような判決では、登記官は所有権移転登記義務を命じた判決があったものとは認めることができないからです。

確定判決であること

意思表示を命ずる判決にあっては、その判決が確定した時に意思表示をしたものとみなされます（民執177条1項本文）。これは、言い換えますと、その確定前にはそのような擬制は成立していないことを意味します。したがって、登記申請手続を命ずる判決は確定していることを要しますので、この判決には性質上仮執行の宣言（民訴259条1項）を付すことはできません。

仮に誤って仮執行の宣言が付されても、判決が確定していない以上、確定証明書の不添付（不登25条9号、民訴規48条）を理由として登記申請は却下されます（先例）。

判決に準ずるもの

不動産登記法63条1項の「判決」には、確定判決と同一の効力を有する債務名義（民執22条7号）で、一定内容の登記手続をすべきことを命じているものが含まれます。先例で認められたものとしては、次のようなものがあります。

①裁判上の和解調書（民訴267条）

②請求の認諾調書（民訴267条）

③民事調停調書（民調16条）

④家事調停調書（家手268条1項）

⑤家事審判書（家手75条）

⑥執行決定の付された仲裁判断

判決に準じないもの

以下の裁判等は判決には準じませんので、これらの書面によって判決による登記をすることはできません。

①公正証書

公正証書の執行力は、金銭の支払い、代替物や有価証券の給付を目的とする請求権に限って執行力を有します（民執22条5号）。したがって、これに入らない請求権である意思表示を求める請求権につき公正証書を作成しても、執行力は生じません。

②転付命令

転付命令に伴う抵当権の移転登記等は、差押債権者（転付債権者）の申立てに基づいて執行裁判所書記官のする嘱託登記であり（民執164条1項、同150条）、当事者の申請に係る登記ではありません。

③仮処分命令

仮処分は仮定性を有しています（権利の最終的な確定を図る裁判ではない）。このため、債務名義が判決である場合にその確定を求めた趣旨に照らし、仮処分命令に基づいて意思表示の擬制をすることはできないというのが通説、登記先例です。

ポイント

判決による登記における判決＝確定の給付判決
判決に準ずるもの（先例）
❶裁判上の和解調書
❷請求の認諾調書
❸調停調書
❹家事審判書
❺執行決定の付された仲裁判断

ミニテスト

1 「被告は、原告に対し、別紙物件目録記載の不動産を売り戻せ」と命ずる判決が確定した場合、原告はこの確定判決により単独で所有権移転登記を申請することができる。

2 公正証書に所有権移転登記義務及び執行認諾文言が記載されている場合、当事者の一方は、この公正証書をもって単独で登記申請をすることができる。

3 「被告は、原告に対し、別紙物件目録記載の不動産につき、令和〇〇年〇〇月〇〇日代物弁済を原因とする所有権移転登記手続をする」旨の和解調書が成立した場合、原告はこの和解調書により単独で所有権移転登記の申請をすることができる。

解答　1　×　一定の登記申請手続を命じていない。
　　　　　2　×　公正証書は、特定債権については執行力はない。
　　　　　3　○　裁判上の和解調書は判決に準ずる。

068 判決による登記と執行文（原則）

判決による登記において執行力の現存を確認する意味があるでしょうか？

> **Q** 判決による登記には、通常の強制執行のように執行文を要しますか？
>
> **A** 原則として不要です。

判決による登記の執行方法

意思表示を命ずる判決が確定しまたは和解調書等が成立したときは、その確定または成立の時に意思表示が擬制されます（民執177条1項本文）。つまり、判決が確定し、あるいは和解等が成立した瞬間に、債務者は法務局に対し登記申請の意思表示をしたものとみなされます。

これは、要するに、意思表示を命ずる判決や和解等の執行は、その判決の確定時または和解等の成立時に完了してしまうこと、すなわち執行の余地が後に残らない特殊な執行方法であることを意味します。

通常の強制執行との対比

通常の強制執行は、債務名義を得ただけでは強制執行をすることはできず、原則としてこれに執行文の付与を受けて執行力の現存を確認し（民執25条本文）、この執行力ある債務名義の正本に基づいて手続が進行していきます。

この点で、判決による登記は通常の強制執行とはまったく様相を異にする強制執行であるといえます。

判決による単独申請と強制執行

登記を命ずる判決や和解等により判決による登記を単独で申請する（不登63条1項）点に注目すれば、判決による登記においても執行の観念を容れることができそうですが、この単独申請は不動産登記法の要求する登記手続上の行為にすぎません。いわば、広義の強制執行とでもいうべきものです。意思表示の擬制という本来の強制執行は、判決の確定等と同時に完了しているわけです。民事執行法上の狭義の強制執行ではありません。

原則として執行文は不要

以上に述べたところから、判決による登記にあっては、執行文の要否という問題は、原則としてそもそも生じません（ただし、判決や和解等が特殊な内容である場合は例外的に執行文を要するケースがあります。 069 参照）。要するに、執行文という観念を容れる余地がないわけです。

執行文の必要性（意思表示の成立時期の繰延べ）

判決による登記にあっても、例外的に執行文を要する場合があります。例えば、債務者（登記義務者）の意思表示が条件に係っている場合、その条件の成否について審査する機会を設けないと、その成否が確認されないまま登記だけが実行されてしまう事態を招き、債務者が不利益を被ります。そのような場合、債務者の権利を保障するためには、条件の成否を審査する必要があり、判決の確定と同時に意思表示が成立したものとみなすわけにはいきません。

そこで民事執行法は、次項（069）の場合、意思表示の成立を執行文の付与に係らしめ、その付与の時に意思表示が成立するものとしています。いわば、意思表示の成立時期が、執行文の付与の手続を経る間だけ繰り延べられることになります。

ポイント

判決による登記と執行文の要否
❶判決確定と同時に執行は完了（執行手続の進行という観念をする余地はない）
❷執行文は不要（というより要否の問題は生じない）
❸例外的に執行文を要する場合がある（069を参照）

ミニテスト

1 「被告は、原告に対し、別紙物件目録記載の不動産につき、令和〇〇年〇〇月〇〇日売買を原因とする所有権移転登記手続をせよ」と命ずる判決が確定した場合、原告はその判決の確定証明書を提供しないと、判決による登記をすることはできない。

2 原告が、1の確定判決をもって単独で登記申請をするには、これに執行文の付与を受けなければならない。

3 1の判決が確定したときは、原告は、間接強制の方法によらなければ登記を実現することはできない。

解答 1 ○ 判決確定の時に意思表示が成立するから、確定は証明する必要がある。

2 × 判決確定の時に意思表示が成立するから、執行は完了している。

3 × 間接強制のような迂遠な方法ではなく、判決による登記としての単独申請をすることが可能。

069 判決による登記と執行文（例外）

意思表示の成立時期の繰延べについて解説します。

Q 判決による登記には、通常の強制執行のように執行文を要しますか？

A 意思表示の内容によっては必要な場合もあります。

債務者の意思表示が債権者の証明すべき事実の到来に係るとき

この場合、債権者（登記権利者）は条件成就執行文の付与（民執27条1項）を受けることを要し、その付与を受けた時に意思表示が擬制されます（民執177条1項ただし書前段）。例えば、判決が農地につき知事の許可を条件として所有権移転登記手続を命じている場合、債権者は知事の許可を受けたことを証明する必要があります。

債務者の意思表示が権利者の反対給付との引換えに係るとき

この場合、債権者は反対給付またはその提供をしたことを証する文書を提出して執行文の付与を受けることを要し、その付与を受けた時に意思表示が擬制されます（民執177条1項ただし書中段、同2項）。例えば、判決が「被告は、原告から金○○円の支払いを受けるのと引換えに、原告に対し～の所有権移転登記手続をせよ」と命じている場合、債権者（原告）は、債務者（被告）に対し金○○円を支払ったことを証明する文書を提出する必要が

あります。

この場合、判決は引換給付を命じているのに、債権者は反対給付につき先履行を強いられる結果となっていることに要注意です。一般の強制執行にあっては引換給付の履行は執行開始の要件にすぎない（民執31条1項）のに対し、意思表示の擬制においては執行文付与の要件とされています。

債務者の意思表示が債務の履行その他債務者の証明すべき事実のないことに係るとき

例えば、次のような和解条項を内容とする和解調書があるとしましょう。「1　被告は原告に対して○○年○○月○○日までに金○○円を支払う。
2　被告が上記支払いをしないときは、被告は原告に対し別紙物件目録記載の不動産につき○○年○○月○○日代物弁済を原因とする所有権移転登記手続をする。」本例のように、債務者（被告）の意思表示が債務の履行その他の事実の「ない」ことに係る場合も執行文の付与は必要です（民執177条1項ただし書後段）。

この場合、執行文付与の手続に特徴

があります。すなわち、執行文付与の申立てがあると、裁判所書記官は債務の履行その他の事実の存在を証明する文書を一定期間内に提出するよう債務者に対して催告し、これに応じて債務者が証明文書を提出しなかったときに限り執行文は付与されます（民執177条3項）。これは、債務の履行その他の事実（の存在）について債務者に証明責任を負わせる趣旨です。債務の履行その他の事実が「ない」という不存在の証明は債権者には事実上不可能だからです。この場合の執行文付与の手続を図示すると、次のとおりです。

執行文付与の申立て（債権者）

　↓

書記官による証明文書の提出の催告（→債務者）
　ex.「債権者に金○○円を支払った際の領収書を提出せよ」

　↓

債務者による ─┬─ 提　出 ➡ 執行文は付与されない（債務は履行されているから）

　　　　　　　　└─ 不提出 ➡ 執行文が付与される（債務不履行が推定されるから）

ポイント

判決による登記に執行文を要する場合
❶債務者の意思表示が債権者の証明すべき事実の到来に係るとき
❷債務者の意思表示が権利者の反対給付との引換えに係るとき
❸債務者の意思表示が債務の履行その他債務者の証明すべき事実のないことに係るとき

ミニテスト

1　「1　Bは、Aに対し、別紙物件目録記載の土地につき○○県知事に農地法第○○条の許可申請手続をせよ。2　Bは、Aに対し、上記土地につき前項の許可があったときは、その日の売買を原因とする所有権移転登記手続をせよ」という判決に基づいてAが単独で登記申請するには、知事の許可書を裁判所書記官に提出し、これにより執行文の付与を受けなければならない。

2　「Yは、Xから100万円の支払いを受けるのと引換えに、Xに対し～の所有権移転登記手続をせよ」と命ずる判決がある場合、Xは判決の確定と同時に単独で登記申請をすることができる。

解答　1　○　条件成就執行文の付与を要する。
　　　　　2　×　Yから100万円の領収書をもらい、これを裁判所書記官に提出して執行文の付与を受ければ、単独で登記申請をすることができる。

070 判決による登記と承継執行（登記権利者の承継）

判決に名前の出ていない者も判決による登記ができます。

Q 判決による登記でも、通常の強制執行のように承継執行の余地がありますか？

A 意思表示の成立自体には考えられませんが、登記申請手続の場面では生じ得ます。

判決による登記と承継執行

執行債務者の意思表示が擬制された後に、債務名義上の当事者に承継があったとしても、民事執行法上は承継執行という観念を容れる余地はありません。なぜなら、意思表示の擬制においては、強制執行は判決の確定と同時にすでに完了していて（民執177条1項本文）、意思表示をすべき義務がその後に承継されるという事態は想定できないからです。

登記申請の場面における承継執行

しかし、判決による登記の場合、申請人による登記申請（これは「広義の執行」といえます）によってはじめて判決の内容が実現されますから、この広義の執行について承継執行を考える余地があります。

以下、登記請求訴訟の口頭弁論終結後に登記権利者に承継があった場合について述べます。

一般承継があった場合

口頭弁論終結後に登記権利者に相続や合併のような一般承継があった場合、承継人は承継を証する情報を提供して登記権利者（被承継人）名義の登記の申請をすることができます（不登62条、不登令7条1項5号イ）。したがって、この場合は承継執行文の付与を受ける必要はありません。

例えば、AからBへの所有権移転登記手続を命ずる判決が確定したものの、その訴訟の口頭弁論終結後にBが死亡し、CがBを単独相続した場合、CはBを登記権利者とする所有権移転登記を単独で申請することができます（相続人による登記）。なお、この例において、仮に承継執行文の付与を受けたとしても、Aから直接Cへの所有権移転登記をすることはできません（先例）。

特定承継の場合

この場合、特定承継人は代位登記の制度（民423条、不登59条7号）を利用することにより、登記権利者（被承継人）名義の登記を実現することができますので、承継執行文の付与を受ける必要はありません。例えば、A名義の不動産についてBへの所有権移転登

記手続を命ずる判決が確定し、その旨の登記をする前にBがCにその不動産を贈与した場合、Cは、AからBへの所有権移転登記を、Bに代位してすることができます。

なお、この例において、仮に承継執行文の付与を受けたとしても、Aから直接Cへの所有権移転登記をすることはできません（先例）。

登記原因証明情報

不動産登記を申請するには登記原因証明情報を提供する必要があります（不登61条、不登令7条1項5号ロ）が、上述の代位登記の設例において、特定承継人Cが代位登記の申請をするためには、これをどのようにして入手するかが問題になります。Cは、代位登記を実現した後にBからCへの所有

権移転登記を申請し得る地位にあり、AからBへの所有権移転登記をするにつき利害関係人の地位にあります。そこで、AB間の訴訟の訴訟記録の謄本等の交付請求権を有します（民訴91条3項）。これにより、Cは、訴訟記録を保管する裁判所書記官に対して、登記原因証明情報とすべき判決正本及びその確定証明書の交付を求めることができます。

口頭弁論終結前の承継

以上に述べたのは、口頭弁論終結後の承継の問題でした。これに対し、口頭弁論終結前に承継が生じた場合は局面がまったく異なります。この場合、いわゆる訴訟承継の問題になります（民訴49条〜51条）。

ポイント

判決による登記と承継執行（登記権利者の承継）
一般承継、特定承継いずれの場合も、承継執行文は要しない（登記手続上の制度により、所期の登記は実現可能）。

ミニテスト

1 「Aは、Bに対し、別紙物件目録記載の土地につき令和〇〇年〇〇月〇〇日売買を原因とする所有権移転登記手続をせよ」という判決が確定した後に、Aが死亡した場合、その相続人Cは、承継執行文を取得しなければB名義の登記を申請することはできない。

2 1の設例において、Cが承継執行文の付与を受けたときは、Cは、1の判決により、AからCへの所有権移転登記を申請することができる。

解答 1 × 相続人による登記が可能。
　　　 2 × A→Cの所有権移転登記は中間省略登記になるから認められない。

141

071 判決による登記と承継執行（登記義務者の承継）

判決に名前の出ていない者に対する判決による登記について説明していきます。

Q 判決による登記でも、通常の強制執行のように承継執行の余地がありますか？

A 意思表示の成立自体には考えられませんが、登記申請手続の場面では生じ得ます。

一般承継の場合

　口頭弁論終結後に登記義務者に一般承継があった場合、その承継人が口頭弁論終結後の承継人（民訴115条１項３号、民執23条１項３号）に該当することについては異論はありません。したがって登記権利者は、その承継人に対して承継執行文の付与を受けて登記申請をすることができます。

　例えば、ＡからＢへの所有権移転登記を命ずる確定判決をＢが得たものの、その登記をする前にＡが死亡し、その相続人Ｃが相続登記を了した場合、Ｂは相続人Ｃに対する承継執行文の付与を受ければ、ＣからＢへの所有権移転登記の申請をすることができます（先例）。

　あるいは、ＡがＢに対しＢの所有権登記の抹消登記請求訴訟を提起し、請求認容判決があったところ、その旨の登記をする前にＢが死亡し、その相続人Ｃが相続登記をした場合、同様にＣに対する承継執行文の付与を受ければ、ＡはＣの相続登記の抹消を単独で申請することができます（先例）。

一般承継と形式審査主義

　一般承継による登記が未だされていない場合、例えば上記の設例でＣの相続登記がされていない場合、判決に表示された登記義務者の表示と登記簿上の登記名義人の表示とが符合しますから、承継執行文の付与されていない判決による登記申請も現実には受理されます（不動産登記における形式審査主義）。

特定承継の場合

(1)承継執行の可能なケース

　この場合、登記義務者から登記を受けた第三者が口頭弁論終結後の承継人に該当するかどうかは、第三者がその権利の取得をもって登記権利者に対抗することができるかどうかによって決まります。

　例えば、ＡからＢへの所有権移転登記がされた後、その登記原因が無効または当初から存在しなかったとの理由でその抹消登記を命ずる判決があり、口頭弁論終結後にＢからＣに不動産が譲渡され所有権移転登記がされている場合、Ｃの所有権取得はＡに対抗する

ことができず、Cは口頭弁論終結後の承継人に該当します。したがって、AはCに対する承継執行文を得れば、B名義の所有権移転登記を抹消する前提として、C名義の所有権移転登記の抹消を単独で申請することができます（先例）。

(2)承継執行の不可能なケース

①Aが、AB間の売買が虚偽表示により無効であることを理由としてBの所有権移転登記の抹消を請求して勝訴したとしても、CがBから善意で取得し所有権移転登記を了しているときは、AはAB間の売買の無効を主張することはできません（民94条2項）。したがって、Cは口頭弁論終結後の承継人には該当しません。

②Aの抹消登記請求が、AB間の売買契約の解除あるいは詐欺による取消しを理由にしている場合、Aが抹消登記をする前にBがCに所有権移転登記をした場合、AはCに対抗することはできません（判例）。したがって、Cは口頭弁論終結後の承継人には該当しません。

③Aが、売買を原因としてBに対して所有権移転登記を請求して勝訴の確定判決を得たものの、その口頭弁論終結後にBがCに二重譲渡をしてCへの所有権移転登記をしていたという場合のCも口頭弁論終結後の承継人には該当しません（民177条）。

なお、②及び③の場合において、Aが自己の登記請求権を保全するためには、登記名義がBにある間に処分禁止の仮処分（民保53条1項）をかけるしかありません。

ポイント

判決による登記と承継執行（登記義務者の承継）
❶一般承継の場合、承継執行文の付与を受け得ることが比較的多い。
❷特定承継の場合、民法上の対抗問題により決せられる。

ミニテスト

1　AからBへの所有権移転登記手続を命ずる判決が確定したものの、その口頭弁論終結後にAが死亡し相続人Cが相続登記を了した場合、BはCに対する承継執行文の付与を受ければ、Cの相続登記の抹消登記をすることができる。

2　1の設例において、BはCに対してCからBへの所有権移転登記の申請をすることができる。

解答　1　○　これは本来の手続。
　　　2　○　先例の認める便宜の手続。

072 担保権の実行としての競売等

抵当権のような担保権の被担保債権が弁済されないときにはどうするのでしょう？

Q 抵当権の被担保債権が弁済されないときの債権回収手段

A 抵当権に基づく競売等により優先弁済を受けることができます。

強制執行における責任の実現

強制執行は、債務名義によって公証された給付義務が任意に履行されない場合に、国家の強制力によってその給付義務を強制的に実現する手続でした。このうち、金銭執行（金銭債権の満足を目的とする強制執行）は、債務が弁済されない場合に、債権者が債務者の一般財産の中から財産（不動産、動産、債権等）を任意に選択し、これにつき執行を申し立て、その換価（または収益）代金の中から債務の弁済を受ける手続でした。

したがって、金銭執行は人的責任を強制的に実現する手続であるといえます。

担保権の実行

これに対し、担保権の実行は、金銭債権の担保のために債務者または第三者の所有する財産上に約定または法定の担保権を有する債権者が、被担保債権が弁済されない場合に、担保の目的財産につき競売等を申し立て、その換価（または収益）代金の中から債務の優先弁済を受ける手続です。

したがって、担保権の実行は、物的責任を強制的に実現する手続であるといえます。

強制執行と担保権の実行との共通性

以上のとおり、金銭執行は人的責任の強制的実現を目的とし、担保権の実行は物的責任の強制的実現を目的とする点に違いがありますが、いずれも国家機関により責任の強制的実現を図る手続である点において共通性を有します。

したがって、強制執行の総則中、第三者異議の訴え（民執38条）、債務者が死亡した場合の手続の続行（民執41条）及び執行費用の負担（民執42条）の諸規定は、担保権の実行としての競売に準用されています（民執194条）。

また、各則についても、金銭執行の規定の多くが同様に準用されています（民執188条等）。

強制執行と担保権の実行との違い

民事執行法は、担保権の実行には債

務名義を不要とする立場をとっています。この点において、強制執行と担保権の実行とには決定的な違いがあります。この違いを理解すると、担保権の実行の手続が理解しやすくなります。

すなわち、担保権の実行としての競売の場合、他人の財産に差押え、売却、配当のような手続をする点は強制執行と同じですが、その根拠が異なります。

強制執行の場合は差押え等をすることが債務名義によって正当化されますが、担保権の実行としての競売においては、その担保権に内在する交換価値支配権（債務者が債務不履行に陥ったときは差押えを受認するという約定）がその根拠となる点が異なります。

担保権の実行についての特則

この手続には債務名義を要しないことから、債務者や第三者の利益保護のための手続保障が必要となりますが、競売開始の要件として、債権者は債務名義に代わる文書として担保権の存在を証する文書を提出しなければなりません（不動産競売の場合、民執181条1項）。

執行抗告や執行異議は、本来は執行手続上の瑕疵に対する不服申立方法です（民執10条、同11条）が、担保権の実行においては実体上の事由も異議の事由とすることができます。すなわち、不動産担保権の実行の場合、その開始決定に対する執行抗告や執行異議の申立てにおいては、担保権の不存在や消滅を主張することができます（民執182条）。

ポイント

金銭執行（強制執行）	担保権の実行
人的責任の強制的実現 債務名義（必要）	物的責任の強制的実現 債務名義（不要）

ミニテスト

1　不動産の強制競売も担保権の実行としての競売も、債務名義を根拠として行われる。

2　抵当権の実行としての不動産競売開始決定に対する執行異議の申立てにおいては、債務者は抵当権の被担保債権の消滅を主張することができる。

解答　1　×　担保権の実行としての競売には債務名義は不要。
　　　2　○　民執182条。

073 不動産担保権の実行

不動産についている担保権によって債権を回収する手続です。

Q 不動産担保権の実行とは何ですか？

A 担保不動産競売と担保不動産収益執行の総称です。

不動産担保権の実行

不動産を目的とする担保権の実行は、債権者の選択により、担保不動産競売または担保不動産収益執行の方法により行われます（民執180条）。

担保不動産競売

これは、競売の方法による不動産担保権の実行です（民執180条1号）。そこで、この方法による担保権の実行には、執行裁判所の管轄についての規定のほか、不動産の強制競売についての諸規定が広く準用されています（民執188条）。すなわち、手続は、担保債権者の申立てにより、執行裁判所が目的不動産を差し押さえ、次いでこれを売却し、最後にその代金を配当するというプロセスを経て行われます。

例えば抵当権の実行の場合、抵当権には優先弁済権があります（民369条1項）ので、配当手続においては抵当債権者はその順位に応じた優先配当を受けます（民執188条、同85条2項）。

不動産担保権

担保不動産競売の申立てをするに

は、その開始要件として、債権者は債務名義に代わる文書として担保権の存在を証する文書を提出しなければなりません（民執181条1項。072参照）。例えば、担保権が抵当権であれば、実務では、通常、その登記事項証明書を提出します（民執181条1項3号）。

不動産の買受人の保護

不動産の強制競売においては、買受人は執行債権の不存在や消滅にかかわらず不動産を取得するものと解されています（027参照）が、そこには明文の規定はありません。これは、強制競売においては債務名義があることにより手続の安定が保障されていて、買受人の保護は図られているからです。

これに対し、担保不動産競売においても、不動産の買受人は代金を納付した時に不動産を取得します（民執188条、同79条）が、この不動産取得の効果は担保権の不存在または消滅によっては影響を受けない旨の明文の規定が設けられました（民執184条）。これは、担保不動産競売においては債務名義が必要とされていないことに鑑み、

手続の安定を図り、買受人を保護するために、特に定められた規定です。

担保不動産収益執行

担保不動産収益執行とは、担保不動産から生ずる収益を被担保債権の弁済に充てる方法による不動産担保権の実行です（民執180条2号）。

不動産の収益から弁済を受ける制度としては、強制執行としての強制管理があります（民執93条〜）が、担保不動産収益執行は担保権者に担保不動産の「収益」から優先弁済を受けさせる制度です（平成15年の民事執行法の改正により創設）。担保権は、従来、「交換」価値支配権として構成してきた従来の枠組みでは捉えきれない制度です。

担保不動産収益執行と強制管理

不動産の収益をもって配当原資とする点において、担保不動産収益執行には強制管理の諸規定が準用されています（民執188条）。

また、実務では、抵当権者が目的不動産の賃料債権等の給付請求権に物上代位としての差押え（民執193条2項）をする例がよく見られますが、その差押えと担保不動産収益執行とが競合したときは、前者を担保不動産収益執行の手続に吸収する規定が設けられています（民執188条、193条の4）。

担保不動産収益執行と果実

抵当権の効力は被担保債権の不履行後の抵当不動産の果実に及ぶ旨の規定があります（民371条）。これは、抵当権の効力が担保不動産収益執行の開始後の天然果実及び法定果実に及ぶ旨を明らかにした規定です。

ポイント

不動産担保権の実行
❶担保不動産競売　　　　差押え⇒売却⇒優先配当（多くは強制競売の準用）
❷担保不動産収益執行　　差押え⇒収益⇒優先配当（多くは強制管理の準用）

 ミニテスト

1　不動産につき抵当権による競売の申立てをするには、登記事項証明書等の担保権の存在を証する文書を提出しなければならない。
2　賃貸用のビルに抵当権を有する者は、そのビルを競売しないで、収益を上げ、その収益から優先配当を受けることができる。

解答　1　○　民執181条1項3号。
　　　　　2　○　担保不動産収益執行。

074 動産競売

動産質権等の実行について解説します。

Q 動産競売とは何ですか？

A 動産を目的とする担保権の実行としての競売です。

動産競売

動産を目的とする担保権の実行としての競売を動産競売といいます。この動産競売にはおおむね動産執行（動産を目的とする強制執行。036参照）の諸規定が準用されます（民執192条）。執行機関は執行官であり、競売は執行官による目的物の差押えによって開始されます（民執122条1項の準用）。

売却の手続も、動産執行における売却と同様です（民執134条〜138条の準用）。不動産競売における担保権の不存在や消滅の場合の買受人保護の規定（民執184条）は準用されていませんが、動産競売においては、買受人は即時取得の規定（民192条）によって保護されるものと解されていて、その必要がないからです。配当要求権者は、先取特権者と質権者です（民執133条の準用）。

手続開始の要件

動産競売においては、不動産競売におけるような法定の証明文書の提出は要求されませんが、手続は以下の3つの場合に限って開始されます（民執

190条1項）。

①担保債権者（質権者等）が目的動産を執行官に提出したとき

②動産の占有者が差押えを承諾する文書を提出したとき

③担保権者が執行裁判所の動産競売開始許可決定謄本を提出したとき

目的動産の提出等を必要とする理由

これは、動産競売の安定を図る趣旨です。すなわち、手続が売却期日まで進行した段階で目的物を提出することができないときは、結局、競売の申立ては却下されることになりますが、それでは買受人の地位は安定しません。そこで、動産競売においては、手続を開始する段階で目的物の提出等を要求して、手続の安定を図ったわけです。

執行裁判所の許可

上述のとおり、動産競売においては、担保債権者が目的動産を占有しているときは、これを提出することにより手続の開始を求めることができますが、自ら占有していないときは担保権

の実行の申立ては困難です。しかし、動産売買の先取特権（民321条）のように、目的物の占有が債権者から離れ、占有者から差押えの承諾を得ることが困難な場合であっても、債権者が担保権の存在を証する文書を提出したときは、執行裁判所は申立てにより動産競売の開始を許可することができることとされています（民執190条2項本文）。債権者は、この許可決定を得ることにより、動産競売の開始を求めることができます（民執190条1項3号）。

執行異議の特則

動産競売に係る差押えに対する執行異議の申立てにおいては、不動産競売の場合と同様、債務者または動産の所有者は担保権の不存在や消滅を理由と

することができるほか、被担保債権の一部の消滅をも理由とすることができます（民執191条）。これは、一般の先取特権による動産競売においては、動産執行における超過差押えの禁止の規定（民執128条）が準用されています（民執192条）ので、被担保債権の一部の消滅を主張させる必要があるからです。

例えば、被担保債権が10万円であったところ、一部7万円が弁済され残債権が3万円である場合、目的動産Aの価格が5万円であるときは、目的動産Bの差押えは超過差押えになります。そこで、この設例においては、超過差押えを禁止するために、執行異議の事由として被担保債権の一部7万円の消滅を主張させるわけです。

> **ポイント**
>
> 動産競売手続の開始要件
> ❶担保債権者（質権者等）が目的動産を執行官に提出したとき
> ❷動産の占有者が差押えを承諾する文書を提出したとき
> ❸担保権者が執行裁判所の動産競売開始許可決定謄本を提出したとき

ミニテスト

1　動産質権者は、目的動産を執行官に提出すれば動産競売の申立てをすることができる。

2　動産売買の先取特権者は、買主が目的物を占有し、その買主が差押えの承諾書を交付しない場合であっても、動産競売の申立てをすることができる場合がある。

解答　1　○

　　　　2　○　民執190条1項3号、同2項。

075 形式的競売

公正な売却を実現するための手続です。

> **Q** 優先弁済を受けることを目的としない競売があるのですか？
> **A** あります。

留置権という権利

留置権は、債務が弁済されるまで目的物を留置することのできる権利です（民295条1項本文）。つまり、実体法上は優先弁済権は認められていませんので、留置権者は抵当権者のように目的物を売却してその売却代金から優先弁済を受ける（民369条1項）ことはできません。

留置権による競売

ところが、優先弁済権は認められていないにもかかわらず、民事執行法は留置権による競売を認めています（民執195条）。同条の文言「競売の例による」とは分かりにくい表現ですが、この競売は担保権の実行としての競売ではなく、もっぱら換価の目的でする競売（形式的競売）として位置付ける趣旨だと解されています。

すなわち、この競売は、債務が弁済されるまで目的物を継続して留置しなければならない負担から留置権者を解放するために認められた制度であると考えられています。

留置権による競売の特徴

留置権による競売は、上述のとおり、もっぱら換価の目的で認められる競売ですので、担保権の実行としての競売に比較すると、その手続には著しい特徴があります。

例えば、配当は実施されず、他の債権者による配当要求も認められていません。不動産上の負担（法定売却条件）については消除主義の準用が認められる傾向にあります。また売却代金から競売費用を控除した残額は留置権者が留置することができるものと解されています。

換価のための競売（形式的競売）

民法、商法その他の法律の規定による換価のための競売は、配当は目的とせず、ただ単に売却するだけですので、一般に形式的競売と呼ばれます。換価の手続を公正にするために民事執行法上の競売制度を利用するのが法の趣旨です。この形式的競売も、担保権の実行としての競売の例によることとされています（民執195条）。

形式的競売の例
共有物分割のための競売

　各共有者は、原則としていつでも他の共有者に対し**共有物の分割**を請求することができます（民256条1項本文）。この分割請求をした場合において、共有者間で分割協議が調わないときは、各共有者は他の共有者を被告として共有物分割の訴えを提起することができます（民258条1項）。

　この訴えにおいては、裁判所は、現物分割のほか、目的物の競売を命ずることができます（民258条2項）。これが、形式的競売の代表例です。なお、競売した場合、売却代金は共有持分の割合に応じて各共有者の取得が認められるのが通例です。

形式的競売のその他の例

　弁済供託のための競売（民497条）、遺産分割の審判による遺産の競売（家手194条1項）、限定承認の場合の相続財産の売却のための競売（民932条本文）等があります。

ポイント

形式的競売の特徴
❶配当は実施されず、配当要求も認められない
❷法定売却条件としては消除主義
❸売却代金から競売費用を控除した残額は留置権者が留置することができる

ミニテスト

1　鮮魚の仲卸売業者が小売業者の鮮魚を占有している場合において、売掛債権を有するときは、その鮮魚を競売することができる。

2　1の競売において鮮魚が売却されたときは、仲卸売業者は競売費用を控除した残額を自己の売掛債権に対する配当金として受領することができる。

3　抵当権が設定されている共有不動産につき競売の方法により分割が実施された場合、その抵当権は消滅する。

解答　1　○　留置権による競売。
　　　　2　×　配当の手続は実施されないと解されている。
　　　　3　○　判例によると、消除主義を定めた民事執行法59条が準用される。

076 財産開示手続

執行逃れを許さない制度です。

Q 執行債務者の財産隠しには、どのような対抗手段がありますか？

A 財産を開示させる手続があります。

財産開示手続の趣旨、概要

金銭執行は、原則として対象財産を特定して申し立てる建前ですので、債権者が債務者の財産に関する情報を有しないときは、せっかく債務名義を得ても執行の申立ては困難です。そこで、権利実現の実効性を確保する見地から、債権者が債務者の財産を把握するための方策として財産開示手続が設けられています。

財産開示手続の申立て

①管轄裁判所

債務者の普通裁判籍の所在地を管轄する地方裁判所が執行裁判所となります（民執196条）。

②申立権者（有名義債権者、一般の先取特権者）

金銭債権について執行力ある債務名義の正本を有する債権者は、財産開示手続の申立てをすることができます（民執197条1項柱書）。

債務者の財産について文書で一般の先取特権を証明した債権者も、申立権が認められます（民執197条2項）。この債権者は社会政策的に保護の必要性

が高いからです。

③申立てに用いうる債務名義

従来、申立てに用いうる債務名義は確定判決等の事後的に失効する可能性の低いものに限定されていました（旧民執197条1項柱書カッコ書）が、令和元年改正ではこの定めは撤廃されました。

財産開示手続の開始要件

①一般的な開始要件

財産開示手続は、強制執行そのものではないものの、その前駆手続です。したがって、これを開始するためには、執行文（民執25条本文）や確定期限の到来（同30条1項）のような一般の執行開始の要件を充足している必要があります（民執197条1項柱書ただし書）。

②執行の不奏功等

①のほか、過去6月以内に実施された強制執行（担保権の実行）における配当手続で完済を得られなかったとき、または判明している財産に対して強制執行をしてもこれが不奏功に終わる旨の疎明が必要です（民執197条1

項）。一般の先取特権者についても同様の疎明が必要です（同条2項）。

財産開示手続の実施

①実施決定

　執行裁判所は、申立権者の申立てがあり、上記の開始要件が充たされているときは、手続を実施する旨の決定をします（民執197条1項、2項）。この決定があったときは、その決定は債務者に送達されます（同4項）。

②不服の申立て、効力の発生

　財産開示手続の申立てに対する裁判に対しては、執行抗告をすることができます（民執197条5項）。また、財産開示手続の実施決定は確定しなければ効力を生じません（同条6項）。

③財産開示期日の指定、呼出し

　執行裁判所は、実施決定が確定したときは、開示期日を指定します（民執198条1項）。開示期日には、申立人及び債務者を呼び出します（同2項）。

ポイント

財産開示手続の申立権者
- ❶有名義債権者
- ❷一般の先取特権者

申立てに用いうる債務名義の制限（なし）

財産開示手続の開始要件
- ❶一般的な開始要件（通常の強制執行と同じ）
- ❷執行の不奏功等

ミニテスト

1　雇い主Aが家政婦Bに給料を支払わない場合、Bは給料が未払いであることの証明書を提出すれば財産開示手続の申立てをすることができる。

2　XがYに100万円を貸す際に公正証書を作成した場合において、Yが期限を経過しても返済せず、かつYの財産がどこにあるか分からないときは、Xは財産開示手続の申立てをすることができる。

3　債務者の財産に強制執行をしても、債権を回収できる見込みがないことを債権者が疎明したときは、財産開示手続の実施決定をすることができる。

4　確定期限の到来していない貸金債権につき債務名義を有する債権者は、財産開示手続の申立てをすることができる。

5　財産開示手続の実施決定に対しては執行抗告をすることができるが、その却下決定に対してはこれをすることはできない。

解答　1　○　給料債権者は一般の先取特権者（民306条2号）。
　　　2　○　公正証書（執行証書）も財産開示手続に使える（令和元年改正）。
　　　3　○
　　　4　×　執行開始の要件は備える必要がある（民執197条1項柱書ただし書）。
　　　5　×　いずれの裁判に対しても執行抗告をすることができる（同条5項）。

第8編　債務者の財産状況の調査

077 財産開示期日、財産開示の制限

財産開示の内容と制限について説明します。

Q 財産開示期日では、どのようなことが行われますか？

A 裁判所と債権者が質問して、債務者が自分の財産について説明します。

財産開示期日

これは、債務者の財産状況を明らかにするために、執行裁判所と債権者が債務者に質問し（民執199条3項、4項）、債務者がこれに答える期日です。手続は、非公開です（同6項）。

債務者の出頭・宣誓・陳述義務

債務者（「開示義務者」といいます）は、期日に出頭・宣誓し、財産について説明しなければなりません（民執199条1項、7項、民訴201条1項）。なお、勾引（身柄を拘束して裁判所に連れてくること）の規定はありません。

開示義務者が、正当な理由がないのに、期日に出頭せずまたは宣誓を拒絶した場合、6月以下の懲役または50万円以下の罰金に処されます（民執213条1項5号）。宣誓後の陳述拒否または虚偽陳述についても同様です（同6号）。

開示すべき財産の範囲

開示義務者は、期日において、原則としてすべての財産（民執131条1号

または同2号の差押禁止動産を除く）について陳述しなければなりません（民執199条1項）。

ただし、期日において財産の一部を開示した開示義務者は、申立人の同意がある場合またはその開示によって債権者の債権の完全な弁済に支障がなくなったことが明らかである場合において、執行裁判所の許可を受けたときは、その余の財産についての開示義務が免除されます（民執200条1項）。

再施制限

財産開示期日において財産を開示した債務者に対しては、原則としてその期日から3年間は財産開示手続の実施決定をすることはできません（民執197条3項柱書本文）。この場合、債務者の財産状況についての情報を得たい債権者は、すでに実施された事件の記録の閲覧を求めることができます（民執201条）。

再施制限の解除

以下の事由のいずれかがある場合、上記の再施の制限はありません（民執

197条3項柱書ただし書）。

①債務者が先の事件の財産開示期日において一部の財産を開示しなかったとき

②債務者が先の事件の財産開示期日後に新たに財産を取得したとき

③財産開示期日後に債務者と使用者との雇用関係が終了したとき

事件記録の閲覧等の制限

　財産開示手続における財産開示期日に関する部分の事件記録については、申立人のほか一定の者に限り閲覧等を請求することができます（民執201条柱書、同17条参照）。

情報の目的外利用の制限

　申立人は、財産開示手続において得られた債務者の財産や債務者に関する情報を、その債務者に対する金銭執行以外の目的で利用しまたは他人に提供することはできません（民執202条1項）。

　財産開示手続の申立権を有する債権者であって、財産開示事件の記録中の財産開示期日に関する部分の情報を得たものは、その情報をその債務者に対する金銭執行以外の目的で利用しまたは他に提供することはできません（民執202条2項）。

ポイント

財産開示期日
❶債務者の出頭・宣誓・陳述義務（勾引はない）
❷執行裁判所と債権者の質問権
❸開示すべき財産の範囲（原則として全財産）

財産開示手続に関する制限
❶再施制限（原則3年間は不可能）
❷事件記録の閲覧等の制限（閲覧等の請求権者を限定）
❸情報の目的外利用の制限（無関係なことには使用不可）

ミニテスト

1　債務者が財産開示期日に出頭しないときは、執行裁判所に連行することができる。

2　AはBに対する1億円の支払請求認容の確定判決を得た。Bが正当な理由なく財産開示期日に出頭しない場合、Bは1億円の罰金を科される。

3　XがYに対し財産開示手続の申立てをしてこれが実施された場合、Yに対して1億円の支払請求認容の確定判決（執行文付き）を有するZは、その事件記録の閲覧を請求することができる。

解答　1　× 勾引はできない。
　　　　2　× 罰金は50万円以下。
　　　　3　○ 民執201条2号。

077-2 第三者からの情報取得手続

債務者以外の第三者からの情報取得手続について説明します。

Q 執行債務者の不動産、給料、預金等を調べる手段がありますか？

A 登記所、日本年金機構、銀行等から情報を得ることができます。

第三者からの情報取得手続

　財産開示手続の制度の趣旨を拡充するために、債務者の財産につき第三者から情報を取得する手続が創設されました（令和元年改正）。すなわち、①登記所から不動産につき、②金融機関から預貯金債権等につき、③市町村や日本年金機構等から給与債権（勤務先）に関する情報を得ることができるようになりました。

不動産に係る情報の取得

　執行正本を有する金銭債権者（及び一般の先取特権を有することを文書で証明した者）の申立てがあるときは、執行裁判所は、債務者が所有権登記名義人となっている不動産につき、強制執行（または担保権の実行）の申立てをするのに必要な事項（民執規189条）についての情報を提供すべき旨を登記所に命じなければなりません（民執205条1項）。この手続を利用するためには、財産開示手続の開示期日から3年以内に申し立てる必要があります（民執205条2項）。

　申立てを認容する決定は債務者に送達され、執行抗告が認められます。認容決定は確定しなければ効力を生じません（民執205条3～5項）。申立却下決定に対しては、申立人が執行抗告をすることができます（同条4項）。

給与債権に係る情報の取得

　養育費等の請求権（民執151条の2第1項）や生命・身体の侵害による損害賠償請求権につき執行正本を有する債権者は、市町村や日本年金機構等から、債務者の受ける給与・報酬等の債権についての情報を取得することができます（§206条1項）。これらの機関は、住民税や年金保険料の徴収手続上、債務者の勤務先に関する情報を把握しており、また執行債権は要保護性が高いからです。

　申立ての要件や決定に対する不服の申立ての手続等は、不動産に係る情報の取得の場合と同じです（民執206条2項）。

預貯金債権等に係る情報の取得

　執行正本を有する金銭債権者（及び一般の先取特権を有することを文書で証明した者）の申立てがあるときは、

執行裁判所は、債務者が銀行等に有する預貯金債権等についての情報（民執規191条所定の情報）を提供するよう銀行等に命じなければなりません（民執207条1項、2項）。

この手続においては、登記情報や給与債権の情報を取得する手続とは異なり、申立ての認容決定は直ちに効力を生じ、またこれに対する債務者の執行抗告は許されません（民執10条1項を参照）。これは、預貯金債権等は債務者が処分・隠匿し易い財産であることに鑑み、情報の取得を迅速かつ実効的に行わせるためです。なお、却下決定に対しては申立人は執行抗告をすることができます（民執207条3項）。

情報の提供の方法等

情報の提供を命じられた第三者は、執行裁判所に対し、書面をもって情報を提供しなければなりません（民執208条1項）。情報が提供されたときは、執行裁判所は、その書面の写しを申立人に送付するとともに、情報が提供された旨を債務者に対して通知します（同条2項）。ただ、債務者宛ての通知は、財産隠しを防止する必要上、申立人への送付時から相応の期間が経過した後にされるべきでしょう。

事件記録の閲覧の制限等

第三者からの情報取得手続に係る事件記録のうち、第三者からの情報提供に関する部分についての閲覧請求は、申立人等に限って認められます（民執209条）。

また、得られた情報の目的外利用は許されません（民執210条）。

ポイント

債務者の財産の情報を第三者から取得する手続
❶不動産に係る情報の取得（登記所から）
❷給与債権に係る情報の取得（市町村、日本年金機構等から）
❸預貯金債権等に係る情報の取得（銀行等から）

ミニテスト

1 「Yは、Xに対し100万円を支払え」という判決に基づいてXがYに対し財産開示手続の申立てをしているときは、Xは、3年以内であれば、Y名義の不動産のほか、銀行預金あるいは勤務先の情報を得る手続の申立てをすることができる。

2 1の設例において、Yの銀行預金につき情報の提供を命ずる決定に対しては、Yは執行抗告をすることはできない。

解答 1 ○ 第三者からの情報取得手続（民執205〜207条）
2 ○ 執行抗告を認める規定はない（民執10条1項を参照）。

第2部
民事保全法

078 民事保全

権利や法律関係を凍結状態にすることです。

Q 民事保全とは何ですか？　どんな種類がありますか？

A 急いで仮の状態を作ってしまうことです。その種類には、仮差押えと仮処分とがあります。

民事保全

民事保全とは、民事訴訟の本案の権利（訴訟物）の実現を保全するために用意された以下の3つの制度の総称です（民保1条）。なお、民事保全の申立人を債権者、その相手方として申し立てられる者を債務者と呼びます。

①仮差押え
②係争物に関する仮処分
③仮の地位を定めるための仮処分

「保全」という用語

漠然とした響きのある用語ですが、やさしく言えば、「権利や法律関係について、将来の本案訴訟において決着がつくまでの間、現在の状態をそのままにしておく（いわば凍結状態にしておく）こと」です。

ただし、本案訴訟を提起する前でなければ利用できないというわけではありません。実務ではそれが圧倒的に多いというだけです。ケースによっては、本案訴訟を始めた後に民事保全の手続をとることもあります。

民事保全の存在理由

ズバリ、民事訴訟や強制執行の補完です。すなわち、給付請求権を有する者が強制執行をしたくても、債務名義を得るまでにはかなりの期間を要します。そこで、もしその間に債務者が責任財産を処分したりすると、執行が不可能かまたは難しくなります。となると、せっかく取得した債務名義が無駄になってしまうおそれがあります。また、強制執行を予定しない権利ないし法律関係（例えば、従業員の地位の確認）であっても、その存否や内容について当事者間に争いがあって、判決によって決着をつけるまでには権利者が損害や危険を招くおそれもあります。

このように、訴訟による紛争解決までに時日を要し、権利ないし法律関係の確定・実現が遅延することによって生ずる危険を防止するために、応急の救済措置が必要となります。これが民事保全の制度です。

仮差押え

金銭債権の実現（将来の金銭執行）

を保全するため、債務者の責任財産につきその処分権を制限する制度です。例えば、AがBに1,000万円の貸金返還請求をして、勝訴判決を取ってBの不動産に強制競売の申立てをしようと目論んだとします。ところが、訴訟で決着が付く前にBがその不動産を第三者Cに譲渡し所有権移転登記をしてしまったらどうでしょうか。Aは、せっかく勝訴判決を得ても、Bの不動産につき差押えをすることはできません（民177条）。このようなことにならないよう、Bの処分権を制限しておく必要があります。このような場合に用いるのが仮差押えです。

係争物に関する仮処分

非金銭債権の実現を保全するため、現状維持を命ずる制度です。仮差押えと同様、将来の強制執行の保全を目的とします。登記請求権保全のための仮処分（090参照）や占有移転禁止の仮処分（094参照）がその代表例です。

仮の地位を定める仮処分

本案の権利関係につき、判決が確定するまで仮の状態を定める処分です。強制執行の保全とは関係のない、現状保全措置です。賃金仮払いの仮処分がその一例です。

例えば、Y株式会社に勤務する従業員Xが解雇されたとしましょう。Xは、解雇の無効確認ないし従業員たる地位の確認の本案訴訟を提起することができますが、解決するまでにはかなりの期間を要します。その間、給料が得られないと生活に困りますので、本案訴訟において判決が出るまでの間、とりあえず従業員の地位を確認してもらって、給料も支払ってもらう制度が必要です。これが仮の地位を定める仮処分の代表例です。

ポイント

| 民事保全 | 強制執行の保全……仮差押え、係争物に関する仮処分 |
| | 現状保全措置………仮の地位を定める仮処分 |

ミニテスト

1　AがBに対し貸金100万円の返還請求権を保全するために用いる民事保全は、仮差押えである。
2　YがXに不動産を売ったのに、所有権移転登記をしない場合において、Xが所有権移転登記請求権を保全するために用いる民事保全は、処分禁止の仮処分である。

解答　1　○
　　　　　2　○

079 民事保全の構造、手続の特質

民事保全と民事訴訟の違いは何でしょうか？

> **Q** 民事保全はどのような手続から構成されますか？
> 手続の性質はどうですか？
>
> **A** 保全命令に関する手続と保全執行に関する手続との二段階から成り立っています。手続の性質は、緊急性ほかの性質があります。

民事保全の構造

民事保全の手続は、「保全命令」に関する手続と「保全執行」に関する手続との二段階の手続から成り立っています。前者は、保全されるべき権利（被保全権利）の存在をとりあえず認定して保全命令を発する裁判手続です。後者は、この保全命令という裁判を現実に執行する手続です。

両者の関係は、民事訴訟手続と強制執行手続との関係に対応します。すなわち保全執行は、保全命令の正本に基づいて実施することになっている（民保43条1項本文。088参照）ことからも分かるとおり、保全命令に関する手続は民事訴訟において債務名義を作り出すのに類似した裁判手続です。保全執行に関する手続は、民事執行において債務名義に基づいて実施される強制執行に相当する手続です。

民事保全の特質

民事保全は、本案訴訟による権利の確定と強制執行による権利の実現までに時間を要することから生じる危険を回避するための手続ですから、民事訴訟や執行手続に比較して以下の4つの特質があります。

緊急性

①保全命令は口頭弁論を経ないで発することができる（民保3条）

②証拠は疎明で足りる（民保13条2項）

③保全執行においては単純執行文は要しない（民保43条1項）

④執行期間は2週間に限られる（同2項）

⑤保全命令の送達前でも執行は可能（民保43条3項。民執29条前段参照）

暫定性（仮定性）

権利または法律関係を最終的に確定し、実現する手続ではないということです。本案訴訟によって権利が確定し、強制執行によって権利が実現されるまでの、いわば「つなぎ」の役割を果たすにすぎないと考えればいいでし

ょう。

　暫定性に関して注意したいのは、民事保全手続で被保全権利が認定されても、本案訴訟における審理や裁判には何らの拘束力をも及ぼさないということです。また執行の場面においても、仮差押えの場合、原則として差押えの段階にとどまります。換価や配当の手続にまでは進みません。

付随性（従属性）

　民事保全は、本案訴訟及び強制執行の手続を予定します。民事保全独自の存在を考えるのは、理論上はナンセンスです（実務上は事実上かなりの機能を果たしますが）。これを本案への付随性（従属性）といいます。例えば、

　保全命令事件の管轄は、原則として本案の管轄裁判所とされ（民保12条1項）、本案訴訟が遅延すれば保全命令が取り消される（民保37条1項〜3項）点がその現れです。

密行性

　手続を相手方に察知されると、財産の譲渡や隠匿等の妨害手段を講じられる危険性があります。これを防止するためには、手続をこっそり進める必要があります。このことを密行性といいます。保全命令は口頭弁論を経ないで発することができ（民保3条）、あるいは保全命令の送達前でも執行可能（民保43条3項）という点にその性質が現れています。

ポイント

民事保全手続の構造　❶保全命令に関する手続（裁判手続）
　　　　　　　　　　❷保全執行に関する手続（執行手続）
民事保全手続の特質　❶緊急性
　　　　　　　　　　❷暫定性
　　　　　　　　　　❸付随性
　　　　　　　　　　❹密行性

ミニテスト

1　AがBに対し貸金100万円の返還請求権を保全するために仮差押命令を得た場合、後日の貸金返還請求訴訟では、Aは有利な判決を得る可能性が高い。
2　Xが所有権移転登記請求権を保全するためにYを相手方として処分禁止の仮処分命令の申立てをした場合、裁判所はその審理において口頭弁論をすることはできない。

解答　1　× 暫定性。
　　　　2　×「口頭弁論をすることができない」わけではない。

080 民事保全の機関、管轄、審理手続

民事保全の審理をする機関と手続について確認しましょう。

> **Q** 民事保全の機関はどこですか？　審理手続の特徴は何ですか？
>
> **A** 保全命令を出すのは裁判所、保全執行の機関は裁判所または執行官です。
> 審理手続の特徴は、オール決定主義です。

保全命令の機関

民事保全の命令（保全命令）は、申立てにより裁判所が発令します（民保2条1項）。裁判長は、急迫の事情があるときに限り保全命令を発することができます（民保15条）。

保全執行の機関

民事保全の執行（保全執行）は、裁判所または執行官が担当します（民保2条2項）。民事執行の場合と同じです（民執2条）。大部分の保全執行では、裁判所が執行機関となります。執行官が執行機関となるのは、動産の仮差押えや占有移転禁止の仮処分など実力を用いるもののみです。

保全執行裁判所

裁判所がする保全執行に関しては、執行処分をすべき裁判所が保全執行裁判所となり、執行官の執行処分に関してはその執行官の所属する地方裁判所が保全執行裁判所となります（民保2条3項）。具体的にどの裁判所が執行処分をすべきかについては、それぞれの保全執行ごとに規定されています。

保全命令事件の管轄

保全命令事件は、本案の管轄裁判所、仮差押えの目的物、係争物の所在地を管轄する地方裁判所の管轄です（民保12条1項）。これらの管轄は併列的です（つまり、いずれを選択するかは債権者の任意）が、専属管轄です（民保6条）。これら以外の裁判所には管轄は認められません。

本案の管轄裁判所

本案の管轄裁判所とは、第一審裁判所です（民保12条3項本文）。すなわち本案訴訟の係属中あるいは確定後は第一審裁判所の管轄です。本案がまだ係属していない場合、将来第一審の管轄裁判所となるべき裁判所の管轄です。ただし、本案が控訴審に係属しているときは、控訴裁判所が管轄裁判所となります（同ただし書）。

債権に関する事件についての管轄

仮差押えの目的物または係争物が債

権（民執143条の債権）であるときは、その債権はその債権の債務者（つまり第三債務者）の普通裁判籍の所在地にあるものとみなされます（民保12条4項本文）。ただし、動産等の引渡しを目的とする債権及び物上担保権により担保される債権は、その物の所在地にあることとされています（同ただし書）。

審理手続

民事保全の手続に関する裁判は、口頭弁論を経ないですることができます（民保3条）。「口頭弁論を経ないですることができる」ということは、保全命令及び保全執行に関する裁判は、すべて決定（または命令）の形式でされ

ることを意味します。

決定手続については、口頭弁論を開くかどうかは裁判所の裁量に任されている（民訴87条1項ただし書）ことを受けた規定です。もし、口頭弁論を開いた場合、開く必要がないのに開いたという意味で、その口頭弁論は任意的口頭弁論と呼ばれます。

オール決定主義

注意したいのは、民事保全で決定手続が採用された結果、仮に口頭弁論が開かれた場合であっても、裁判の形式は判決ではなく決定です。また、異議等の不服申立事件も常に決定手続によります（オール決定主義）。

ポイント

保全命令の機関…………裁判所（急迫の事情があるときは裁判長も）
保全執行の機関…………裁判所または執行官
審理手続………………オール決定主義
保全命令事件の管轄……本案の管轄裁判所（第一審裁判所、控訴中は控訴裁判所）
　　　　　　　　　　　仮差押えの目的物・係争物の所在地を管轄する地裁

ミニテスト

1　賃貸借契約の終了に基づく目的物返還請求としての建物明渡請求権を保全するために、占有移転禁止の仮処分命令を得た場合、その執行機関は執行官である。

2　所有権移転登記請求権を保全するために処分禁止の仮処分命令の申立てをした場合において、口頭弁論が開かれた場合、裁判の形式は判決である。

3　AがBに対する100万円の貸金返還請求権を保全するためにする仮差押命令の申立ては、Bの住所地の簡易裁判所にすることができる。

解答　1　○
　　　　2　× オール決定主義。
　　　　3　○ 民保12条1項、裁判所33条1項1号、民訴4条1項、2項。

081 保全命令の申立て・審判・取下げ

申立ての方法、審理、裁判、申立ての撤回について説明します。

> **Q** 保全命令の申立てや審判のポイントは何ですか？
>
> **A** 保全すべき権利または権利関係を明確にすることです。

保全命令の申立て

保全命令を求めるには、申立書に、①申立ての趣旨、②保全すべき権利または権利関係及び③保全の必要性を明記してする必要があります（民保13条1項、民保規1条1号）。①は、求める保全命令の内容（どのような内容の仮差押命令や仮処分命令を求めるのか）です。

②のうち「保全すべき権利」とは、仮差押えや係争物に関する仮処分における被保全権利のことです。「保全すべき権利関係」とは、仮の地位を定める仮処分における「争いがある権利関係」（民保23条2項）を指します。

保全命令の申立ての効果

二重の保全命令の申立ては、二重起訴と同様に禁止されます（民保7条、民訴142条）。なお、保全命令の申立てには時効の完成猶予の効果が生じます（民149条）。

保全命令の申立てについての審理

すでに述べましたが、民事保全の申立てについての裁判をするには口頭弁論は不要です（民保3条）。これは、審理方式としては決定手続を採用したことを意味します（民訴87条1項ただし書）。したがって裁判所は、口頭弁論、審尋、書面審理のいずれか、またこれらを適宜組み合わせて実施することもできます。

保全命令の申立てについての裁判

この裁判は、口頭弁論を経ないですることができます（民保3条）から、その形式は決定です。保全命令の申立てについての決定には理由を付さなければなりません（民保16条本文）が、口頭弁論を経ないで決定をする場合には理由の要旨を示せば足ります（同ただし書）。

保全命令の送達

保全命令は、当事者に送達しなければなりません（民保17条）。民事訴訟法では、決定や命令は相当と認める方法で告知すれば足り（民訴119条）、必ずしも送達を要しませんが、保全命令のような重要な決定については、その内容を債務者に了知させる必要がある

からです。

却下の裁判、再抗告の禁止

保全命令の申立てを却下する裁判に対しては、債権者は2週間の不変期間内に即時抗告をすることができます（民保19条1項）。その申立ては原裁判所に対して書面をもってします（民保7条、民訴331条、同286条）。そこでは、再度の考案（民訴333条）が行われることがあります。

即時抗告を却下する裁判に対しては、再抗告はできません（民保19条2項）。裁判は一般に3回受ける権利がありますが、保全命令に関する裁判は

権利の最終的な確定を目的としない暫定的な裁判ですから、三審級の利益を保障する必要はないからです。

保全命令の申立ての取下げ

これをするには、債務者の同意は不要です。保全異議または保全取消しの申立てがあった後でも同様です（民保18条）。民事保全は、既判力をもって権利を最終的に確定する手続ではありませんので、債権者が申立てを自由に取り下げたとしても、債務者に特に不利益を与えることにはならないからです（民訴261条2項本文参照）。

第2編 保全命令に関する手続

ポイント

保全命令の申立てについての審理
❶審理の方式は、口頭弁論、審尋、書面審理のいずれも可能。
❷被保全権利または権利関係及び保全の必要性は疎明
❸審理の対象は、「被保全権利」、「保全の必要性」
保全命令の申立てについての裁判
❶裁判の形式は決定
❷保全命令の申立てを却下する裁判に対しては、即時抗告可。

ミニテスト

1　AがBに対する50万円の貸金返還請求権を保全するためにBのCに対する債権につき仮差押命令の申立てをした場合、AのBに対する債権の消滅時効の完成が猶予される。
2　1の仮差押命令の審理においてはAは貸金の要件事実を証明しなければならない。
3　訴えの取下げをするには相手方の同意は要しないが、保全命令の申立ての取下げをするにはこれを要する。

解答　1　○　民149条1号。
　　　　　2　×　証明ではなく疎明で足りる。
　　　　　3　×　結論が逆（民訴261条2項本文、民保18条）。

167

082 仮差押命令

仮差押命令を出してもらうために必要なこととは？

Q 仮差押命令の要件は何ですか？

A ズバリ、「被保全権利の存在」と「保全の必要性」です。

仮差押命令の要件

①被保全権利の存在

　仮差押命令を発するためには、金銭の支払いを目的とする債権（金銭債権）の存在することが必要です（民保20条1項）。この債権は、条件付または期限付であってもよいとされています（同2項）。これは、仮差押えは将来の強制執行を保全する制度ですから、発令時には条件付または期限付であっても差し支えないという趣旨です。

②保全の必要性

　仮差押命令は、いま仮差押えをしなければ将来の強制執行が不能または著しく困難となるおそれがあるときに発することができます（民保20条1項）。このような状況を保全の必要性（「保全の理由」とも）いいます。例えば、債務者の夜逃げ、責任財産の隠匿・廉売等がこれに当たります。

仮差押命令の対象

　仮差押命令は、対象財産を特定して発しなければなりません（民保21条本文）。ただ、対象財産が動産である場合、目的物を特定する必要はありません（同ただし書）。動産は可動性があり、個々に特定することには実際問題として困難が伴うからです。

仮差押解放金

　仮差押命令には、仮差押えの執行の停止を得るためまたはすでにされた執行の取消しを得るために債務者が供託すべき金銭の額を定めなければなりません（民保22条1項）。この金銭を仮差押解放金といいます。

仮差押解放金の性質

　この仮差押解放金は、損害の担保ではなく仮差押えの目的物に代わるものである点がポイントです。解放金が供託されますと、仮差押えの執行の効力は、仮差押債務者が供託所に対して有する供託金取戻請求権の上に移行して存続します（平成2.11.13民四第5002号通達第二・六・(2)・ア前段）。

　仮差押解放金について、下の図で検討してみましょう。AがBの不動産に対し仮差押えの執行をした場合において、Bが解放金を供託すると、Bは供

託所に対し供託金の取戻請求権を取得し、Aの仮差押えの執行の効力は、この取戻請求権の上に移行します。注意したいのは、この供託は担保供託ではありませんので、Aはこの取戻請求権に対して優先権を有しないということです。

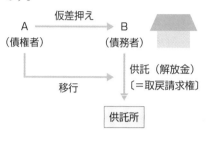

仮差押解放金の供託

供託所の管轄は、発令裁判所または保全執行裁判所の所在地を管轄する地方裁判所の管轄区域内の供託所です（民保22条2項）。目的物は、文字どおり金銭に限られ、有価証券による供託は認められません。また、第三者による供託も認められません（供託実務）。

仮差押えの執行の取消し

債務者が解放金を供託したことを証明したときは、保全執行裁判所は仮差押えの執行を取り消さなければなりません（民保51条1項）。すなわち、例えば、不動産に仮差押えの登記がされていた場合（088参照）、その登記については執行裁判所の書記官により抹消の嘱託がされます。

ポイント

仮差押命令の要件
　❶被保全権利の存在
　❷保全の必要性
仮差押解放金…………仮差押えの執行の停止・取消しを得るために債務者が供託すべき金銭（仮差押命令主文に記載される）
仮差押解放金の性質…仮差押えの目的物に代わって執行の対象となる

ミニテスト

1　そば屋の主人Aは、近所の豪邸に住む大富豪Bに、代金1,000円でそばの出前の注文に応じた。Aは、Bの豪邸に仮差押命令の申立てをすることができる。
2　XがYに対し所有権移転登記請求権を有している場合、Xはこの請求権を被保全権利としてYの不動産に仮差押命令の申立てをすることができる。

解答　1　×　保全の必要性が認められない。
　　　　2　×　仮差押命令の被保全権利は金銭債権に限られる。

083 仮処分命令

仮処分命令を出してもらうために必要なこととは？

Q 仮処分命令の要件は何ですか？
A 被保全権利の存在と保全の必要性です。

係争物に関する仮処分命令の要件

①被保全権利の存在

　この仮処分の被保全権利は、**係争物に関する請求権**です（民保23条1項）。「係争物」とは、金銭以外の有体物または権利です。物に関する給付を目的とする請求権であれば、特定物でも不特定物でも、また物権的請求権でも債権的請求権でも構いません。なお、係争物に関する請求権は、条件付または期限付であってもよいこととされています（民保23条3項、同20条2項）。

②保全の必要性

　係争物の現状の変更により、債権者の権利の実行が不能となるかまたは著しい困難を生ずるおそれがあることです（民保23条1項）。例えば、債務者が物の占有や登記名義を第三者に移転するおそれがある場合がその代表例です。この条項に「権利を実行」とあるのは、係争物に関する仮処分については、登記請求権を保全するための処分禁止の仮処分のように、狭義の強制執行を予定しないものもあることから、これを含めた文言です。

債務者を特定しないで発する占有移転禁止の仮処分

　不動産の占有移転禁止の仮処分については、その執行前に債務者を特定するするのが困難な事情があるときは、債務者を特定しないまま仮処分命令が発令してもらうことができます（民保25条の2第1項柱書）。

仮の地位を定める仮処分命令の要件

①被保全権利の存在

　この仮処分において保全すべきものは、争いがある権利関係です（民保23条2項）。争いがある権利関係であれば、内容を問いません。権利関係に「争いがある」とは、裁判によって確定されていない状態であれば足り、債務者が権利を否認したり、権利行使を妨害していることまでは要求されません。

　なお、保全すべき権利関係が条件付または期限付であっても、仮の地位を定める仮処分命令を発することができます（民保23条3項、同20条2項）。

②保全の必要性

　権利関係が確定されていないために

債権者に生ずる著しい損害または急迫の危険を避ける必要性の存することです（民保23条2項）。現に著しい損害または急迫の危険に直面していて、本案訴訟による権利関係の確定を待っていたのでは、訴訟の目的が達せられなくなったり重大な不利益を受けることになるといった事情が必要です。

仮の地位を定める仮処分命令についての審理

口頭弁論または債務者が立ち会うことができる審尋の期日を経なければ、仮の地位を定める仮処分命令を発することはできません（民保23条4項本文）。この仮処分は、一般に密行性がなく、また債務者に重大な影響を与えるものが多いため、債務者の言い分を少なくとも一度は聴いて慎重な審理をする必要があるという意味です。

例えば、雇用主が従業員を解雇した場合において、従業員が従業員の地位があることの確認を求めて仮処分命令の申立てをしたときは、債務者である雇用主は、ある日突然、仮処分命令を受けるということはありません。

ポイント

係争物に関する仮処分命令の要件
　❶被保全権利の存在（金銭以外の物に関する請求権）
　❷保全の必要性
仮の地位を定める仮処分命令の要件
　❶被保全権利の存在（争いがある権利関係）
　❷保全の必要性
仮の地位を定める仮処分命令についての審理
　口頭弁論または債務者が立ち会うことができる審尋の期日を経る必要がある

ミニテスト

1　Aが雇用主Bから正当な理由もないのに解雇された場合、Aは従業員の地位の確認及び賃金の仮払いの仮処分命令の申立てをすることができる。

2　1の仮処分命令事件においては、Bが知らない間に仮処分命令が発令されることはない。

3　XがYに対し所有権移転登記請求権を有している場合、Xはこの請求権を被保全権利としてYの不動産に処分禁止の仮処分命令の申立てをすることができる。

解答　1　○　仮の地位を定める仮処分。
　　　　2　○　民保23条4項本文。
　　　　3　○　係争物に関する仮処分。

084 仮処分の方法

仮処分命令の内容はさまざまなものがあります。

Q 仮処分の方法にはどのようなものがありますか？

A 処分禁止の仮処分や占有移転禁止の仮処分等があります。

仮処分の方法

裁判所は、仮処分命令の申立ての目的を達するため、債務者に対し、一定の行為を命じたり、禁止したり、給付を命じたりまたは保管人に目的物を保管させる処分その他の必要な仮処分命令を発することができます（民保24条）。

条文の体裁からも窺われるように、仮処分命令の内容はさまざまですから、それに応じて、裁判所も仮処分の方法を裁量によって定めます。実務によく登場する仮処分の代表的類型としては、以下のようなものがあります。

処分禁止の仮処分

不動産の登記請求権を保全するための処分禁止の仮処分（民保53条1項）がその代表例です。例えば、XがYに対し所有権移転登記請求権を有している場合、Xはこの請求権を被保全権利としてYの不動産に処分禁止の仮処分命令の申立てをすることができます。もし、Xがこの仮処分をかけないままYに対して所有権移転登記請求訴訟を提起した場合、Yが第三者Zに不動産を二重譲渡してZに所有権移転登記を

してしまいますと、Xは仮にYに請求認容判決を得たとしても、Zに対抗することはできません（民177条）。そのような事態を回避するために、この仮処分が用いられます。

占有移転禁止の仮処分

不動産の明渡請求権を保全するための占有移転禁止の仮処分（民保62条1項）がその代表例です。例えば、賃貸人Aが賃貸借契約の終了を理由に賃借人Bに対して建物の明渡請求訴訟を提起する場合、Bが第三者Cに対して無断転貸等により占有を移転してしまいますと、Aは仮にBに対して請求認容判決を得たとしても、Cに対して明渡しの強制執行をすることはできません（民訴115条1項3号、民執23条1項3号参照）。そのような事態を回避するために、この仮処分が用いられます。

作為・不作為（差止め）を命ずる仮処分

この仮処分は、社会問題や有名人のスキャンダルあるいは企業再編をめぐる会社法関連の事件として報道される

こともありますので、事例としてはイメージし易い分野といえるでしょう。例えば、日照妨害に対する建築差止請求権（その根拠としては、実務では物権的請求権や人格権等が有力）を被保全権利とする建築工事の差止めの仮処分があります。その他、有名人の名誉毀損事件に絡んだ出版物の出版の差止め、株主による募集株式の発行等の差止め（会社360条１項）等もあります。

これらの仮処分は、係争物に関する仮処分と異なり、仮の地位を定める仮処分に属します。

職務執行停止・代行者選任の仮処分

これは、法人の役員の地位に争いがある場合に、その役員の職務執行の権限を剥奪してその職務執行を禁止するとともに、その職務を代行して執行する者を選任する仮処分です。例えば、株式会社の取締役の選任決議の無効確認の訴え（会社830条２項）を提起し、その取締役の職務執行の停止及びその代行者の選任を求める仮処分です（会社917条１号、民保56条本文）。

地位保全の仮処分

これは、当事者の法律上の包括的な地位を定める内容の仮処分であり、例えば解雇に伴う従業員の地位確認の仮処分がその代表例です。実務では、この仮処分においては、債権者（解雇された従業員）は、この仮処分とともに賃金仮払いの仮処分を求めることが多いと言われています。

ポイント

仮処分の方法の主要例
❶処分禁止の仮処分
❷占有移転禁止の仮処分
❸職務執行停止・代行者選任の仮処分
❹作為・不作為（差止め）を命ずる仮処分
❺地位保全の仮処分

ミニテスト

1 定款に違反して募集株式が発行されようとしている場合、株主は会社・取締役の双方を債務者としてその発行の差止めの仮処分命令の申立てをすることができる。
2 Xが甲建物をYに賃貸している場合において、Yの賃料不払いを理由に賃貸借契約を解除したときは、XはYを債務者として占有移転禁止の仮処分命令の申立てをすることができる。

解答 1 ○
2 ○

085 保全異議

保全命令に対する債務者の救済について勉強しましょう。

Q 保全異議とは何ですか?
A 保全命令に対する債務者の不服の申立方法です。

保全異議

保全異議とは、保全命令に対する債務者の不服の申立方法です。すなわち、保全命令を発令すべきでないのに発令したことを理由に、その取消しや変更を求める申立てが保全異議です（民保26条）。

ただし、この手続は不服の申立方法とはいっても上訴ではありません。同一審級での再審理を求める申立てである点がポイントです。つまり、被保全権利と保全の必要性の存否とについて、保全命令の発令直前の状態に戻って審理を続行するための救済手続です。

保全異議の申立て

管轄裁判所は、保全命令を発した裁判所（発令裁判所といいます）です（民保26条）。債務者は、債権者の同意がなくても保全異議の申立てを取り下げることができます（民保35条）。取り下げても、何ら債権者を害しないからです。この点、保全命令の申立ての取下げに債務者の同意を要しない（民保18条）のと同じ趣旨です。

保全執行の停止の裁判等

保全異議の申立てをしても、保全執行は当然には停止しませんが、執行停止の余地がないと、保全異議の申立てをする意味がなくなってしまう場合もありえます。そこで裁判所は、債務者の申立てにより、厳格な要件の下で保全執行の停止等を命ずることができることとされています（民保27条1項）。

保全異議の審理

保全異議の審理も決定手続で行われます（民保3条）。ただ、保全異議は保全命令に対する不服の申立てですから、保全命令の発令段階よりも慎重な手続を制度的に保障する必要があります。そこで、以下のとおりの特則が設けられています。

当事者対等の確保

裁判所は、口頭弁論または当事者双方が立ち会うことができる審尋の期日を経なければ、保全異議の申立てについての決定をすることはできません（民保29条）。つまり、保全異議の審理においては、当事者は少なくとも1回

は事情を聞いてもらえます。この段階では、すでに保全命令は発令されていますから、密行性を考える必要性はなく、むしろ当事者を対等に扱うことが望ましいからです。

判事補の権限の特例

保全異議の申立てについての裁判は決定で行われます（民保３条）ので、特則を設けないと、判事補が単独でこの裁判をなし得ることになります（民訴123条参照）。しかし、保全異議の申立てについての裁判は、不服の申立てに対する裁判ですから、より慎重な審理が求められます。そこで、判事補が

その審理に単独で当たることはできないこととされています（民保36条）。

保全異議の申立てについての決定

裁判所は、保全異議の申立てについての決定においては、保全命令を認可、変更または取り消さなければなりません（民保32条１項）。「認可」とは、保全異議の申立てに理由がない場合に保全命令を維持することです。「取消し」とは、逆に保全異議の申立てに理由がある場合、いったん発令した保全命令を取り消すことです。「変更」とは、保全命令の実質を変えないで、その内容や担保等を変更することです。

ポイント

保全異議……不当な保全命令に対する債務者の救済方法
保全異議の審理の特則
❶当事者対等の確保
❷判事補の権限の特例

ミニテスト

1　仮差押命令や仮処分命令は、暫定的な裁判であるから、債務者はこれに対して不服の申立てをすることはできない。
2　保全異議の申立ては、本案の管轄裁判所にもすることができる。
3　保全異議の申立てがあった場合、債権者が知らない間に保全命令が取り消されることはない。
4　保全異議の申立てについての裁判は、簡単な事件であれば、判事補が単独ですることができる場合もある。

解答　1　× 保全異議が可能。
　　　2　× 発令裁判所にする。
　　　3　○ 民保29条。
　　　4　× 民保36条。

086 保全取消し

保全命令は、事情により取り消されることもあります。

Q 保全取消しとは何ですか？

A 保全命令の発令後に生じた事情により保全命令を取り消す手続です。

保全取消し

保全命令は、本案訴訟が終結するまでの暫定的措置ですから、発令後に生じた事情によってはこれを取り消すのが妥当といえる場合もあり得ます。そこで、保全命令自体の不当を主張するのではなく（すなわち保全命令の基礎となる保全すべき権利等はその発令当時には存在したことを前提として）、保全命令の発令後に生じた事情を斟酌して保全命令を取り消す手続が必要となります。これが保全取消しです。

保全異議との違い

保全取消しは、その取消しを求める点で保全異議に似ていますが、保全命令自体は正当であることを前提とする制度です。これに対し、保全異議は保全命令自体の不当を主張する手続である点で両者は異なります。

保全取消しの事由

取消しの事由は、3つに類型化されています。すなわち、仮差押え及び仮処分に共通するものとして、本案訴訟の不提起による場合（民保37条）と、

被保全権利または保全の必要性の消滅その他の事情の変更による場合（民保38条）とがあります。仮処分に特有なものとしては、特別の事情による取消し（民保39条）があります。

以下、実務で最も多い本案訴訟の不提起による保全命令の取消しについて述べます。

本案訴訟の必要性

保全命令は、本案訴訟が終結するまでの暫定的措置ですから、最終的には本案訴訟で権利を確定させる必要があります。また債務者としても、保全命令による不利益をいつまでも受け続けなければならないというのでは酷です。

そこで、債権者が進んで本案訴訟を提起しない場合、裁判所は、債務者の申立てによりその提起を債権者に促し、それでも債権者がこれを提起しない場合、債務者の申立てにより保全命令は取り消されます。

本案の訴えの起訴命令

債権者が本案訴訟を提起しない場

合、債務者の申立てがあるときは、保全命令を発した裁判所は、相当と認める一定の期間（2週間以上）内に本案訴訟を提起するとともに、その提起を証する書面を提出すべきことを債権者に命じなければなりません。もし、すでにこれが提起されているときは、その係属を証する書面の提出を命じなければなりません（民保37条1項、2項）。

保全命令の取消しの手続

債権者が裁判所から命じられた上記の期間内に所定の書面を提出しなかったときは、裁判所は債務者の申立てにより保全命令を取り消さなければなりません（民保37条3項）。また所定の書面が期間内に提出されたものの、訴えが取り下げられまたは却下された場合、その書面は提出されなかったものとみなされます（同4項）。

本案訴訟の提起とみなされるもの

訴え以外の手続であっても、訴えとみなされるものがあります（民保37条5項）。例えば、調停前置主義がとられている事件については家事調停の申立て、その他に労働審判手続の申立て等があります。

ポイント

保全取消し……保全命令発令後の事情の変更による保全命令の取消し
保全異議………保全命令に対する不服の申立て
本案訴訟の不提起による保全命令の取消しの手続の流れ
　本案訴訟の起訴命令の申立て　⇒　起訴命令の発令　⇒　本案訴訟の不提起　⇒
　保全命令の取消しの申立て　⇒　保全取消し

1　保全異議の申立て及び保全取消しの申立てのいずれも、上訴である。
2　保全取消しは、保全命令がその要件を備えていなかった場合に債務者に認められる救済手段である。
3　XがYの不動産に仮差押命令を得て仮差押えの執行をしたが、その後数年経ってもXが本案訴訟を提起しないときは、Yは起訴命令の申立てをすることができる。
4　3の起訴命令が発令されて1か月を経過したときは、3の仮差押命令は原則として取り消される。

解答　1　×
　　　　2　× 保全異議についての記述である。
　　　　3　○
　　　　4　× 保全命令の取消しには債務者の申立てを要する。

087 保全抗告

民事保全法上の上訴です。

Q 保全抗告とは何ですか？

A 保全異議または保全取消しの申立てについての裁判に対する上訴です。

保全抗告

保全異議または保全取消しの申立てについての裁判に対する上訴です（民保41条1項本文）。民事保全法は、オール決定主義を採用しましたので、保全異議や保全取消しの申立てについての裁判も決定でされます。これに応じて、その裁判に対する不服申立方法は本来は抗告になるはずです（民保7条、民訴328条1項）が、民事訴訟法上の抗告と区別するために、この不服申立てはとくに保全抗告と呼ばれます。

保全抗告の内容 民事訴訟法上の抗告との違い

①申立期間が2週間（民保41条1項）
②再度の考案の禁止（同2項）
③再抗告の禁止（同3項）

保全抗告を 申し立てることのできる裁判

保全異議または保全取消しの申立てについての裁判に対してすることができます（民保41条1項本文）。原状回復の裁判（民保33条）もこの裁判に含まれます（民保41条1項カッコ書）。

ただし、抗告裁判所が発した保全命令に対する保全異議の申立てについての裁判に対しては、保全抗告を申し立てることはできません（同ただし書）。例えば、簡易裁判所が保全命令の申立てを却下し、これに対する即時抗告に基づいて地方裁判所が保全命令を発した場合、この保全命令に対しては地方裁判所に保全異議の申立てをすることができますが、その裁判に対してさらに高等裁判所に保全抗告をすることはできません。

これは、民事保全法上の裁判に対しては、迅速性の要請から二審制が採用されていることによる制限です。

再度の考案の禁止

民事訴訟法においては、原裁判所に再度の考案による更正が認められています（民訴333条）。

これに対し、保全抗告については再度の考案による更正は認められません（民保41条2項）。これは、保全異議や保全取消しの申立てがあった場合、民事訴訟法上の決定手続とは異なり、当事者双方の主張を聴いて実質審理がな

されたものと考えてよく（民保29～31条、同40条1項）、原裁判所に安易な更正を認めるべきではないからです。

再抗告の禁止

保全抗告についての裁判に対しては、再抗告をすることはできません（民保41条3項）。民事保全のような暫定的な手続にあっては、迅速性の要請から三審級を保障しない趣旨です。

保全抗告の申立て

保全抗告は、不服を申し立てるべき裁判の送達を受けた日から2週間の不変期間内に申し立てなければなりませ

ん（民保41条1項本文）。保全抗告は、抗告状を原裁判所に提出してします（民保7条、民訴331条、同286条1項）。

抗告が提起された場合、原裁判所は再度の考案によらないで、事件を抗告裁判所に送付しなければなりません（民保41条2項）。

保全抗告の審理

保全異議の審理とほぼ同じです。例えば、口頭弁論または当事者双方が立ち会うことができる審尋の期日を経なければ、保全抗告の申立てについての決定をすることはできません（民保41条4項、同29条）。

ポイント

	保全抗告	民事訴訟法上の抗告
申立期間	2週間	制限なし（ただし、民訴332条）
再度の考案	×	○
再抗告	×	○

ミニテスト

1　保全抗告の申立ては、不服の利益がある限り、いつでもすることができる。
2　保全抗告の申立てについての裁判は、口頭弁論を経たときは判決でされる。
3　保全異議の申立てについての裁判に対しては、民事保全法上の簡易な救済として再異議の申立てをすることができる。
4　保全取消しの申立てについての裁判に対しては、上訴としての保全抗告の申立てをすることができる。

解答　1　× 2週間以内。
2　× オール決定主義（民保3条）。
3　× そのような制度はない。保全抗告が認められる（民保41条1項本文）。
4　○ 民保41条1項本文、同7条、民訴328条1項。

088 保全執行の要件、仮差押えの執行

保全命令を執行するために必要なことを確認します。

Q 保全執行の要件は民事執行に比較してどのような特色がありますか？

A 単純執行文を要しない等の特則があります。

単純執行文の不要

保全執行は、保全命令の正本に基づいて実施されます（民保43条1項本文）。つまり、単純執行文の付与は要しません（民執25条本文参照）。これは、保全命令はその発令後短期間のうちに執行されることが予定されていて、執行文によって執行力の存在を公証するまでの必要性がないからです。ただし、保全命令に表示された当事者に承継がある場合、これを明らかにする必要上、承継執行文は必要です（民保43条1項ただし書）。

執行期間

保全執行は、債権者に対して保全命令が送達された日から2週間を経過したときは、することはできません（民保43条2項）。保全命令は、緊急性の要請に基づいて発せられた暫定的・仮定的な裁判であり、直ちに執行されるべきものだからです。

保全命令の送達前の保全執行

保全執行は、債務者に対して保全命令が送達される前であっても、するこ

とができます（民保43条3項。民執29条前段参照）。保全執行の密行性・緊急性の要請に基づいています。

ただし、これは保全命令の送達を不要とするという意味ではなく、後日あらためて送達する必要はあります（民保17条）。

民事執行法の準用

保全執行については、民事保全法に特別の規定がある場合を除いて、民事執行法の諸規定が準用されます（民保46条）。

仮差押えの執行

仮差押えの執行は、ほぼ民事執行の中の金銭執行の差押えに準じて行われます（民保46条）。なぜなら、仮差押えは金銭執行の保全を目的とする制度だからです。すなわち、仮差押えの執行においては、責任財産に対する債務者の処分権を制限すれば足りますので、手続は原則として差押えの段階にとどまり、換価・配当の段階にまでは進みません。以下、不動産に対する仮差押えの執行及び動産に対する仮差押

えの執行について述べます。債権に対する仮差押えの執行及び仮処分の執行については、それぞれ項をあらためて述べます（ 089 、 090 ～ 095 参照）。

不動産に対する仮差押えの執行

これには、①仮差押えの登記をする方法と、②強制管理の方法とがあり、その併用も可能です（民保47条1項）。

①の場合、発令裁判所が保全執行裁判所となり、仮差押えの登記は保全執行裁判所の裁判所書記官の嘱託によります（同2項、3項）。

②の場合、不動産の強制管理に関する規定の多くが準用されています（民保47条5項）。例えば、保全執行裁判

所となるのは不動産所在地の地方裁判所です（民執44条1項の準用）。

動産に対する仮差押えの執行

動産執行と同じく、執行官が目的物を占有する方法により行われます（民保49条1項）。動産の仮差押命令では、目的物は特定されていないこともあり得ます（民保21条ただし書）が、その場合は差し押さえる動産は執行官が選択します。

配当等の手続は行われませんので、執行官は、差し押さえた金銭や仮差押えに係る手形等を提示することにより支払いを受けた金銭を供託することになっています（民保49条2項）。

ポイント

保全執行の要件の特則
　❶単純執行文は要しない
　❷執行期間が限定される
　❸保全命令の送達前の保全執行が可能
不動産に対する仮差押えの執行の方法
　❶仮差押えの登記をする方法
　❷強制管理の方法（❶、❷の併用も可能）
動産に対する仮差押えの執行の方法
　執行官が目的物を占有する方法（動産執行と同じ）

ミニテスト

1　AがBに対し不動産の仮差押命令を得た場合において、仮差押えの執行をするときは、執行と同時にまたは事前に仮差押命令正本をBに送達しなければならない。
2　1の設例において、仮差押命令の執行をするに当たりBに相続が開始しているときは、Aは承継執行文の付与を受けなければならない。

解答　1　×
　　　　2　○　民保46条、民執27条2項。

089 債権に対する仮差押えの執行

債権についての取立てその他の処分権の制限について確認します。

Q 債権に対する仮差押えの執行はどのようにして行われますか？

A 弁済禁止・取立禁止等を命ずる方法により行われます。

弁済禁止、取立てその他の処分行為の禁止

債権に対する仮差押えの執行は、発令裁判所が保全執行裁判所となり、債務者への弁済の禁止を第三債務者に対して命ずる方法により行われます（民保50条1項、2項）。そのほか、債務者は仮差押えの執行を受けた債権につき、取立てその他の処分が禁じられます（民保50条5項、民執145条1項準用）。

第三債務者による権利供託

次に示す図は、AのBに対する100万円の金銭債権につき、Cが70万円の債権をもって仮差押えの執行をした例です。

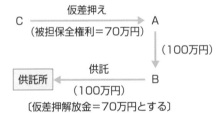

C ———仮差押え———→ A
（被担保全権利＝70万円）

（100万円）↓

供託所 ←———供託——— B
（100万円）
〔仮差押解放金＝70万円とする〕

上の図で、Bが仮差押命令正本の送達を受ける（民執145条3項参照）と、BはAに対して弁済することができな

くなります（民保50条1項）。もし、Bがこの禁止命令に反してAに弁済しても、債務消滅の効果はCには対抗できません（民481条1項）。

つまり、仮差押命令正本の送達を受けたBは、Aに弁済しようと思っても法律によりこれが禁じられ、一方、金銭債務については弁済期限の経過により当然に履行遅滞の責任を負います（民419条1項）。これは、Bは仮差押えの執行により甚だ不利な地位におかれたことを意味します。そこで、第三債務者がこの不利益な地位を免れ得るよう、仮差押えに係る金銭債権の全額を供託することができます（民保50条5項、民執156条1項）。

第三債務者による権利供託の性質

この供託の性質は、執行に関して行なわれるという意味では執行供託ですが、その実質は本来の債権者であるAを被供託者とする一種の弁済供託であると解されています。これは、仮差押えの執行があっただけでは仮差押債権者Cの被保全権利が確定されているわけではありませんから、供託された金

銭は実質的には仮差押債務者Aに帰属すると考えられるからです。

みなし解放金

Bによる供託は、本来その債権者であるAに対して支払うべき金銭の供託ですから、実質的にはA自身が供託したのと同視することができます。そこで、Bがこの供託をしたときは、Aが仮差押解放金（民保22条1項）を供託したものとみなされます（民保50条3項本文）。これを「みなし解放金」の供託といいます。

ただし、仮差押解放金の額を超える部分は別です（同ただし書）。したがって、上の例においては、供託された100万円から仮差押解放金の額70万円（実務では仮差押解放金の額は被保全権利の額と定められる扱い）を控除した30万円につき、Aは仮差押えの執行の取消しを得るまでもなく、還付請求をすることができる扱いです（平成2.11.13民四第5002号通達第二・三・(1)・イ・(イ)・b)。

ポイント

債権に対する仮差押えの執行の内容
第三債務者に対しては弁済禁止命令
債務者に対しては取立て等の処分の禁止命令

第三債務者の救済手段
権利供託により被仮差押債権の債務免脱

みなし解放金
第三債務者の供託は、仮差押解放金の範囲内で債務者の供託とみなされる

 ミニテスト

1　Xが100万円の金銭債権を被保全権利として、AのBに対する金銭債権（300万円）につき仮差押えの執行をした場合において、仮差押命令正本がAに送達されて1週間経過したときは、XはAの債権のうち100万円を取り立てることができる。

2　1の設例において、Bが債務の全額を供託したときは、Aは、供託所に対し300万円の供託金還付請求権を有する。

3　1の設例において、仮差押解放金の額が100万円と定められている場合、Xの仮差押えの執行の効力は、Aの供託金還付請求権300万円につき移行する。

解答　1　×　本肢は、民執155条1項本文の内容。
　　　　2　○
　　　　3　×　仮差押解放金の額100万円についてのみ移行する。

090 不動産の登記請求権を保全するための処分禁止の仮処分（1）

登記請求権を保全するための手段です。

Q 不動産の登記請求権はどのようにして保全するのでしょうか？

A 処分禁止の登記と保全仮登記の方法により保全します。

処分禁止の登記

不動産の登記請求権を保全するための処分禁止の仮処分の執行は、仮登記請求権を除くすべての登記請求権につき、処分禁止の登記をする方法により行います（民保53条1項。処分禁止の登記の記載例は、P.186［設例－Ⅰ］の甲区2番を参照）。

なお、後で述べるとおり、所有権以外の権利の保存・設定または変更の登記請求権については、処分禁止の登記とともに保全仮登記をする方法により行います（民保53条2項）。

対象となる不動産

ここでいう「不動産」とは、不動産登記法第2条の不動産です。未登記のものを含みます。未登記の不動産につき仮処分のような処分制限の登記が嘱託されたときは、登記官が職権により所有権保存登記をします（不登76条2項）ので、未登記であっても、仮処分による処分禁止の登記をするにつき支障はないわけです。

保全すべき登記請求権の範囲

保全すべき登記請求権の範囲も、不動産登記法第3条と同じです。仮登記請求権が保全すべき登記請求権から除かれる（民保53条1項カッコ書）のは、次の理由によります。

仮登記は、本登記の順位を保全するための予備登記であり、これ自体では対抗力を有しません（不登106条）。ところが、後で述べるとおり、仮処分には処分禁止の登記後にされた第三者の登記に対抗しうる効力が認められています（民保58条1項）ので、もし仮登記請求権保全のために処分禁止の仮処分を認めると、被保全権利の実現としての仮登記をする場合に、この仮処分の効力として対抗力が認められたのと同じ結果になるからです。

保全仮登記

保全仮登記とは、所有権以外の権利の保存・設定または変更の登記請求権を保全する場合に、処分禁止の登記とともにする仮処分による仮登記です（民保53条2項）。保全仮登記は、処分禁止の登記と一体となって処分制限の

登記（不登3条柱書）となります。

　すなわち、後述のとおり、保全仮登記は処分禁止の効力を登記に反映させてその順位を確保するためのテクニックにすぎず、それ自体では格別の効力を有しません（記載例は、P.188［設例－Ⅲ］の乙区1番を参照）。

保全仮登記をすべき場合

　保全仮登記は、所有権以外の権利の保存・設定または変更の登記請求権を保全する場合に用います（民保53条2項）。所有権以外の権利とは、抵当権や地上権のようないわゆる制限物権のことです。保全仮登記を用いる主要例は、抵当権設定登記請求権や地上権設定登記請求権を保全する場合です。

　「保存・設定または変更」がその要件となっていますので、「移転」や

「消滅」の登記請求権を保全するためには保全仮登記は用いません。例えば、抵当権移転登記請求権を保全する場合には保全仮登記は用いません。この場合、処分禁止の登記のみを用います（記載例は、P.187［設例－Ⅱ］の乙区1番付記1号を参照）。

保全仮登記を用いる理由

　所有権以外の権利の登記請求権につき、保全仮登記を用いるものと用いないものとに分けるのは、権利の保存・設定または変更の登記請求権を保全するためには、登記の順位を保全しておけば足りるのに対し、権利の移転または消滅の登記請求権を保全するためには、対象となる権利の処分そのものを禁じておく必要があるからです。

ポイント

不動産の登記請求権を保全するための処分禁止の仮処分の方法
　　処分禁止の登記
所有権以外の権利の保存・設定または変更の登記請求権を保全する方法
　　処分禁止の登記　＋　保全仮登記

ミニテスト

1　XがYから不動産を買ったが、Yが所有権移転登記に協力しない場合、Xは所有権移転登記請求権を被保全権利として、当該不動産につき処分禁止の仮処分の執行を求めることができる。
2　債務者Bが債権者Aのために、自己所有の不動産に抵当権を設定したが、Bが抵当権設定登記に協力しない場合、Aは抵当権設定登記請求権を被保全権利として、当該不動産につき処分禁止の仮処分を求めることができる。

解答　1　○
　　　　2　○

091 不動産の登記請求権を保全するための処分禁止の仮処分 (2)

登記請求権はどのようにして保全されるのでしょう？

Q 処分禁止の登記にはどのような効力がありますか？

A 以後の登記は、仮処分債権者に対抗できません。

処分禁止の登記の一般的効力

処分禁止の登記の後にされた登記に係る権利の取得または処分の制限は、仮処分債権者が保全すべき登記請求権に係る登記をする場合には、その登記に係る権利の取得または消滅と抵触する限度においてその債権者に対抗することができません（民保58条1項）。

「債権者が保全すべき登記請求権に係る登記をする場合」の意味

実務上は、仮処分債権者が債務者を被告として登記請求の本案訴訟を提起して、その請求認容判決に基づいて判決による登記（不登63条1項）をするケースが最も多いといえます。

処分禁止の登記のみがされた場合

仮処分債権者は、保全すべき登記請求権に係る登記をする場合、保全すべき登記請求権に抵触し債権者に対抗できない第三者の登記を抹消することができます（民保58条2項）。第三者の登記の抹消につき登記権利者となるのは本来は仮処分債務者であり、債権者が抹消するためには代位登記（不登59条7号）によるべきところ、債権者が自己の名をもって第三者の登記を抹消する権限を付与されたものです（抹消の記載例は、P.186［設例－Ｉ］の甲区4番を参照。不登111条1項、2項）。

保全仮登記に基づく本登記

処分禁止の登記とともに保全仮登記をした債権者が保全すべき登記請求権に係る登記をするには、保全仮登記に基づく本登記をする方法によります（民保58条3項）。例えば、抵当権設定登記請求権を保全するために処分禁止の登記と保全仮登記をしている場合、保全仮登記に基づく抵当権設定の本登記をします（その記載例は、P.188［設例－Ⅲ］の乙区1番を参照）。

保全仮登記に基づいて本登記をした場合、その本登記の順位は保全仮登記の順位が確保されます（不登112条）。

保全すべき権利が用益物権等である場合

この場合も保全仮登記に基づく本登

記をしますが、さらに第三者の登記を抹消すべき場合があります（民保58条4項、不登113条）。例えば、地上権設定登記請求権を保全すべき権利として処分禁止の登記及び保全仮登記をした後、第三者が地上権設定登記を受けた場合において、仮処分債権者が保全仮登記に基づく本登記をするときは、第三者の地上権の登記は抹消せざるを得ません（抹消の記載例は、P.189［設例－Ⅳ］の乙区4番を参照）。双方の権利は並び立たないからです。

第三者に対する通知

仮処分債権者が民事保全法58条2項または4項の規定により第三者の登記を抹消するには、第三者に対しその旨を予め通知しなければなりません（民保59条1項）。この規定の趣旨は、第三者を手続的に保護するためです（不当に抹消された場合に抹消回復登記の機会を与える趣旨）。

ポイント

処分禁止の登記の効力
1. 仮処分債権者の登記請求権は、対抗力を有する。
2. 仮処分債権者は、後れる第三者の登記で並び立たないものを抹消することができる。

保全仮登記をした場合の登記請求権の実現方法
1. 保全仮登記に基づく本登記（抵当権設定登記請求権等）
2. 保全仮登記に基づく本登記＋第三者の登記の抹消（地上権設定登記請求権等）

ミニテスト

1　XがYの不動産に所有権移転登記請求権を保全するために処分禁止の登記をした後に、YがZに所有権移転登記をした場合において、Xが登記を命ずる本案訴訟の確定判決に基づいて所有権移転登記をするときは、XはZの登記を単独で抹消することができる。

2　Aが地上権設定登記請求権を保全するためにBの土地に処分禁止の登記及び保全仮登記をした後に、BがCのために抵当権設定登記をした場合において、Aが保全仮登記に基づいて地上権設定の本登記をするときは、Cの抵当権設定登記を抹消することができる。

解答　1　○
　　　2　× 抵当権は地上権と併存し得るから、抹消する必要はない。

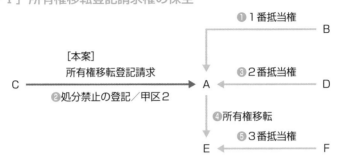

（甲区）

順位番号	登記の目的	受付年月日・受付番号	原　　因	権利者その他の事項
1	所有権保存	平成18年1月5日受付第○○○○号		所有者　A
<u>2</u>	<u>処分禁止仮処分</u>	<u>平成18年3月6日受付第○○○○号</u>	<u>○○地方裁判所仮処分命令</u>	債権者　C
<u>3</u>	<u>所有権移転</u>	<u>平成18年5月8日受付第○○○○号</u>	<u>平成○年○○月○○日売買</u>	所有者　E
4	3番所有権抹消	平成18年7月5日受付第5678号	仮処分による失効	
5	所有権移転	平成18年7月5日受付第5678号	平成○年○○月○○日売買	所有者　C
6	2番仮処分登記抹消		仮処分の目的達成により平成○年○○月○○日登記	

（乙区）

順位番号	登記の目的	受付年月日・受付番号	原　　因	権利者その他の事項
1	抵当権設定	平成18年2月6日受付第○○○○号	平成○年○○月○○日金銭消費貸借同日設定	抵当権者　B
<u>2</u>	<u>抵当権設定</u>	<u>平成18年4月5日受付第○○○○号</u>	<u>平成○年○○月○○日金銭消費貸借同日設定</u>	抵当権者　D
<u>3</u>	<u>抵当権設定</u>	<u>平成18年6月5日受付第○○○○号</u>	<u>平成○年○○月○○日金銭消費貸借同日設定</u>	抵当権者　F
4	2番3番抵当権抹消	平成18年7月5日受付第5678号	仮処分による失効	

[設例－Ⅱ] 抵当権移転登記請求権の保全

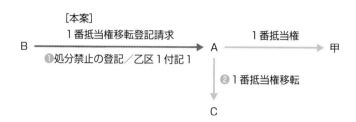

（乙区）

順位番号	登記の目的	受付年月日・受付番号	原　　因	権利者その他の事項
1	抵当権設定	平成18年1月5日受付第○○○○号	平成○年○○月○○日金銭消費貸借同日設定	抵当権者　A
付記1号	<u>1番抵当権処分禁止仮処分</u>	平成18年2月6日受付第○○○○号	<u>平成○年○○月○○日○○地方裁判所仮処分命令</u>	債権者　B
付記2号	<u>1番抵当権移転</u>	平成18年3月6日受付第○○○○号	<u>平成○年○○月○○日債権譲渡</u>	抵当権者　C
付記3号	1番抵当権移転	平成18年4月5日受付第○○○○号	平成○年○○月○○日債権譲渡	抵当権者　B
2	1番付記2号抵当権移転抹消		仮処分による失効	
3	1番付記1号仮処分登記抹消		仮処分の目的達成により平成○年○○月○○日登記	

189

［設例－Ⅲ］ 抵当権設定登記請求権の保全

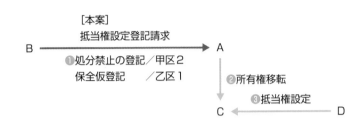

（甲区）

順位番号	登記の目的	受付年月日・受付番号	原　　　因	権利者その他の事項
1	所有権保存	平成18年1月5日受付第○○○○号		所有者　A
<u>2</u>	処分禁止仮処分（乙区1番保全仮登記）	平成18年2月6日受付第2345号	<u>平成○年○○月○○日○○地方裁判所仮処分命令</u>	債権者　B
3	所有権移転	平成18年3月6日受付第○○○○号	平成○年○○月○○日売買	所有者　C
4	2番処分登記抹消		仮処分の目的達成により平成○年○○月○○日登記	

（乙区）

順位番号	登記の目的	受付年月日・受付番号	原　　　因	権利者その他の事項
1	抵当権設定保全仮登記（甲区2番仮処分）	平成18年2月6日受付第2345号	平成18年○○月○○日金銭消費貸借同日設定	債権額　金○○○円利　息　年○○%債務者　○○○○権利者　B
	抵当権設定	平成18年○○月○○日受付第○○○○号	平成18年○○月○○日金銭消費貸借同日設定	債権額　金○○○円利　息　年○○%債務者　○○○○抵当権者　B
2	抵当権設定	平成18年4月5日受付第○○○○号	平成18年○○月○○日金銭消費貸借同日設定	抵当権者　D

［設例－Ⅳ］地上権設定登記請求権の保全

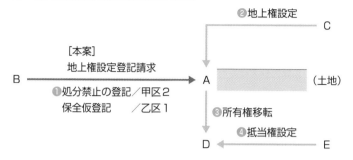

（甲区）

順位番号	登記の目的	受付年月日・受付番号	原　　　因	権利者その他の事項
1	所有権保存	平成18年1月5日受付第○○○○号		所有者　A
<u>2</u>	<u>処分禁止仮処分（乙区1番保全仮登記）</u>	<u>平成18年2月6日受付第2345号</u>	<u>平成18年○○月○○日○○地方裁判所仮処分命令</u>	債権者　B
3	所有権移転	平成18年4月5日受付第○○○○号	平成18年○○月○○日売買	所有者　D
4	2番仮処分登記抹消		仮処分の目的達成により平成18年○○月○○日登記	

（乙区）

順位番号	登記の目的	受付年月日・受付番号	原　　　因	権利者その他の事項
1	地上権設定保全仮登録（甲区2番仮処分）	平成18年2月5日受付第2345号	平成18年○○月○○日設定	目　的　建物所有 存続期間　○○年間 地　代　1㎡1年○○円 支払期　毎年○○月○○日 権利者　B
	地上権設定	平成18年○○月○○日受付第○○○○号	平成18年○○月○○日設定	目　的　建物所有 存続期間　○○年間 地　代　1㎡1年○○円 支払期　毎年○○月○○日 地上権者　B
<u>2</u>	<u>地上権設定</u>	<u>平成18年3月5日受付第○○○○号</u>	<u>平成18年○○月○○日設定</u>	地上権者　C
3	抵当権設定	平成18年4月5日受付第○○○○号	平成18年○○月○○日金銭消費貸借同日設定	抵当権者　E
4	2番地上権抹消	平成18年○○月○○日受付第○○○○号	仮処分による失効	

092 建物収去土地明渡請求権を保全するための処分禁止の仮処分

建物を取り壊して土地を更地にして返還すべきことを求める請求権の保全です。

> **Q** 建物収去土地明渡請求権を保全するためにはどのような仮処分を用いるのですか?
>
> **A** その建物につき処分禁止の登記をする方法を用います。

建物収去土地明渡請求

これは、土地の所有者がその土地の返還を請求することです。例えば、借地人がその借地上に建物を建ててこれを所有しているような場合において、土地の所有者(地主)が土地の賃貸借契約の終了を理由に、その建物を収去(取り壊して)して土地の返還を求める例が実務にはよく現れます。

建物収去土地明渡請求訴訟及び執行の実務

実際の建物収去土地明渡請求訴訟においては、判決主文に「建物を収去して」の文言を記載してもらうべく、請求の趣旨にもこれを求める旨を記載するのが通例ですが、これは、この記載が債務名義に記載されていないと、執行官が代替執行(民執171条1項。 063 参照)をしないという執行実務上の理由により、そのようにしているというだけのことです。

建物収去土地明渡請求権を保全するための処分禁止の仮処分

この仮処分は、その建物につき処分禁止の仮処分命令を発する方法により行われます。すなわち、建物の収去及びその敷地の明渡しの請求権を保全するため、その建物につき処分禁止の仮処分命令が発せられたときは、その仮処分の執行は建物につき処分禁止の登記をする方法により行われます(民保55条1項)。

これらの仮処分命令の方法といい、その執行の方法といい、理論的にはかなり奇異の観があります。なぜならば、保全したいのは土地の明渡請求権であり、建物とは直接の関係はありません。その本質は、むしろ土地の占有移転禁止というべきでしょう。また、登記は、本来、「登記」請求権を公示するための制度であり、「明渡」請求権を公示するためのものではありません。

したがって、建物収去土地明渡請求権を保全するためには、理論的には何か他の方法を用いるのが望ましいといえます。しかし、登記以外に適切な方法はないため、従来の実務ではやむを得ず登記を用いてきました。民事保全法は、この実務を承認して明文の規定

を設けたわけです。

処分禁止の登記の手続

　この仮処分については、発令裁判所が保全執行裁判所となり、その裁判所の書記官が登記の嘱託をする方法により執行します（民保55条1項、同47条2項、3項）。登記の記載については、登記請求権を保全するための仮処分の場合と区別するために、仮処分命令及び処分禁止の登記には、保全すべき権利が建物収去土地明渡請求権であることを示す記載がされます（民保規22条3項）。先例によると、登記の目的欄に「処分禁止の仮処分（建物収去請求権保全）」の記載がされます。

処分禁止の仮処分の効力

　この処分禁止の登記がされたときは、債権者は、その登記がされた後に建物を譲り受けた者に対し、本案の債務名義に基づいて建物の収去及びその敷地の明渡しの強制執行をすることができます（民保64条）。

建物の占有の移転に対する対抗手段

　建物収去土地明渡請求においては、建物の所有者（上述の設例では借地人）は所有権は移転しないものの、占有を移転することもあり得ます。そこで、建物の占有が第三者に移転されることを防止するためには、建物の占有移転禁止の仮処分をもかけておく必要があります（占有移転禁止の仮処分の執行については、094参照）。

ポイント

建物収去土地明渡請求権を保全するための仮処分の方法
　目的建物に処分禁止の登記をする方法による
登記の目的欄の記載
　「処分禁止の仮処分（建物収去請求権保全）」

ミニテスト

1　XがYに対する建物収去土地明渡請求権を保全するためには、当該土地に処分禁止の公示札を掲示する方法により行う。
2　1の請求権につき適切な方法により仮処分の執行がされた場合において、Xが本案の債務名義を得たときは、Xは、仮処分の執行後にYから当該土地上の建物を譲り受けたZに対し、強制執行をすることができる。

解答　1　×
　　　　2　○

093 法人の代表者の職務執行停止の仮処分等

法人の代表者の権限を制限するための仮処分について説明します。

Q 法人の代表者の職務執行停止の仮処分等はどのような方法で執行されるのですか？

A 登記を嘱託する方法で行われます。

法人の代表者の職務執行停止の仮処分等

法人の代表者や役員として登記された者について、その職務の執行を停止したり、その職務の代行者を選任したりする仮処分命令が発令される場合があります。

例えば、一般社団法人の理事や株式会社の取締役がその代表例です（一般法人305条、会社917条1号）。

登記の嘱託

法人の代表者や役員として登記された者について、その職務の執行を停止しもしくはその職務の代行者を選任する仮処分命令が発令され、またはその仮処分命令を変更しもしくは取り消す決定がされた場合、裁判所書記官は、法人の本店または主たる事務所の所在地（外国法人にあっては、各事務所の所在地）を管轄する登記所にその登記を嘱託しなければなりません（民保56条本文）。

登記の位置付け

上記規定は、登記の嘱託は仮処分の執行方法でもあるとの前提の下に、すべての法人に共通する一般規定である旨を宣言する趣旨です。

また、この仮処分の登記は、法人の代表者等の職務執行停止等の強力な効果を有することを公示する方法であるとともに、実体法上は第三者に対する対抗要件でもあります（一般法人299条1項本文、会社法908条1項本文）。

登記の対象とならないもの

上に述べた登記は、仮処分の登記をすべき旨が個別の法律において規定されている代表者や役員のみが対象とされています。注意したいのは、代表者や役員として登記されている者のすべてが当然にその対象となるのではないということです（民保56条ただし書）。

上に述べたとおり、一般社団法人の理事や株式会社の取締役は登記の対象となりますが、例えば一般社団法人の清算人は職務執行停止の仮処分の登記に関する規定が存在しませんので、本

条の登記の対象とはなりません。

ミニテスト

1　宗教法人の代表権を有する者の職務の執行を停止し、その代行者を選任する仮処分命令が発令された場合、裁判所書記官は、その法人の主たる事務所の所在地を管轄する登記所にその登記を嘱託しなければならない。
2　法人格のない社団の代表者については、職務執行停止の仮処分命令が発令されてもその旨の登記が嘱託されることはないが、登記された法人についてこれが発令されたときは、裁判所書記官は、法人の本店または主たる事務所の所在地を管轄する登記所にその登記を嘱託しなければならない。

解答　1　○　宗法55条。
　　　　2　×　個別の法律に明文の規定がある場合に限られる。

094 占有移転禁止の仮処分

転貸等により建物の占有を移転されないためにすべきことを確認します。

> **Q** 建物の明渡請求権を保全する方法について説明してください。
>
> **A** 占有移転禁止の仮処分命令によって保全します。

建物の明渡請求権

建物の「明渡し」という概念については、062で述べましたが、要するに相手方を建物から閉め出すことです（家財道具等を搬出し、相手方の占有を排除する）。

賃貸借契約の終了に基づく建物明渡請求権

実務上よく登場する賃貸借契約の終了に基づく建物明渡請求権について、具体例に基づいて検討してみましょう。XがYに建物を賃貸していたところ、ある頃からYが賃料の支払いを怠るようになったとしましょう。実務では、家賃の滞納が3か月分程度になると当事者間の信頼関係が破壊されたものとして賃貸借契約の解除（民541条）が認められます。

賃貸借契約が解除されると、その契約は終了しますので、Yは建物を使用収益する権原を失います。つまり、YはXに建物を返還しなければなりません（民法601条）。これをX側から眺めますと、建物の返還請求権（つまり、明渡請求権）が発生します。

建物の明渡しの強制執行

上の設例において、XがYに対しての建物明渡請求権を訴訟物とする訴訟を提起した場合、口頭弁論が終結され、請求認容判決が確定し、明渡しの強制執行（民執168条1項）がされる時までYがその建物を占有していれば、強制執行は奏功してXは訴えの目的を達することができます。

訴訟承継主義とその問題点

ところが、口頭弁論終結前（つまり訴訟の係属中）に、Yが第三者Zに建物を無断転貸してZに占有させたとしたらどうでしょうか。判決の効力（既判力）は、口頭弁論終結後の承継人には及びます（民訴115条1項3号）が、口頭弁論終結前の承継人には及びません。したがって、XがYに対して確定の請求認容判決を取得しても、Zには何らの効力も及びません。

Zに対して強制執行をしようと思えば、訴訟係属中にZをその訴訟に引き込んで（民訴50条1項）、Zに対し判決を取得する必要があります。このような制度を、訴訟承継主義といいま

す。訴訟係属中に実体上の地位（紛争の主体）に変動があった場合、その変動を訴訟にも反映させる考え方です。しかし、現実にXがこの訴訟引受けの申立てをするのは困難です。そこで、そのような事態を回避し、Zのような第三者が登場しても、これに強制執行し得るよう、何らかの保全措置を講ずる必要があります。

占有移転禁止の仮処分

このような場合に、実務では占有移転禁止の仮処分を用います（仮処分の効力については、[095]で詳細に述べます）。つまり、実務では、訴訟承継主義がもつ問題点を、仮処分を用いることによってカバーしているわけです。

当事者恒定効

占有移転禁止の仮処分は実務でよく用いられていますが、それは、上に述べたとおり、この仮処分が当事者恒定の機能を営んでいるからです。当事者の恒定とは、上の設例において、被告の地位をYにいわば釘付けにする機能を果たしていることを指しています。

すなわち、XがYに対して占有移転禁止の仮処分をかけておけば、仮にその後Yが第三者Zに建物の占有を移転しても、XはYを被告として勝訴判決を得れば、訴えの目的を達することが可能となることを指しています。

ポイント

物の引渡・明渡請求権を保全する方法
　占有移転禁止の仮処分（係争物に関する仮処分）
占有移転禁止の仮処分が果たす機能
　❶訴訟承継主義の補完
　❷当事者恒定効

ミニテスト

1　建物の賃貸人Xが、賃貸借契約を解除して賃借人Yに対し建物の明渡請求訴訟を提起し確定の請求認容判決を得たが、その訴訟の係属中にYが建物の占有をZに無断転貸していた場合、XはZに対して建物明渡しの強制執行をすることができる。

2　1の設例において、Xが当該建物につきYを債務者として占有移転禁止の仮処分の執行をしていた場合において、XがYに対して確定の請求認容判決を得たときは、Xは、当該判決をもって、仮処分の執行後にYから当該建物を転借したZに対し、明渡しの強制執行をすることができる。

解答　1　×　民訴115条1項3号。
　　　　2　○

197

095 占有移転禁止の仮処分の効力

占有移転禁止の仮処分をかけた場合、誰にその効力が及ぶのでしょうか?

Q 占有移転禁止の仮処分は、すべての占有者に対して有効ですか?

A 効力が及ぶ者と及ばない者とがあります。

占有移転禁止の仮処分の効力

①承継占有者に対する効力

　占有移転禁止の仮処分が執行されると、債権者はこの仮処分の執行後に債務者から係争物の占有を承継取得した者に対しては、本案の債務名義に基づいて引渡し・明渡しの強制執行をすることができます(民保62条1項2号)。これは、本案判決の効力(執行力)が、仮処分の効力として仮処分の執行後の占有取得者に拡張されることを意味します(当事者恒定効)。

　この効力は、占有を債務者から「承継」取得した者に対して及ぶ点がポイントです。094の設例におけるZのような無断転借人がその典型例です。承継取得者であれば、その者の善意・悪意を問わず生じます。

②非承継占有者に対する効力

　上述のとおり、占有移転禁止の仮処分は、目的物の占有の承継取得者には及びますが、非承継占有者に対してはどうかといいますと、その者が悪意であれば、この仮処分の効力は及びます(民保62条1項1号)。すなわち、占有移転禁止の仮処分の効力は、仮処分の執行を知りつつ占有した者に対しては及びます。

　これに対し、善意の非承継占有者に対してはその効力は及びません。及ぼす根拠がないからです。

執行文の付与と悪意の推定

　当事者恒定効を実現させるためには、本案の債務名義に承継執行文の付与を受ける必要があります(民執27条2項)が、債権者がその付与を受けるには、係争物を現在占有している者が承継占有者であるかまたは悪意の非承継占有者であることを文書で証明しなければなりません(民保62条1項2号、1号)。しかし、その証明は実際は容易ではありません。

　そこで民事保全法は、債権者の証明の負担を軽減する規定を設けました。すなわち、仮処分の執行後に占有した者は仮処分の執行がされたことを知って占有したものと推定されます(民保62条2項)。この悪意の推定により、債権者は非承継占有者の悪意についての証明責任を免れることになります。

具体例による検討

以上に述べたことを、094の設例で検討してみましょう。Xは、Yに対し占有移転禁止の仮処分をかけておいた場合において、Yに対する確定の請求認容判決を得たときは、Yに対してはもちろん、Z（承継占有者）に対しても執行をすることができます。この場合、Zの善意悪意を問いません。

もし、Zが非承継占有者である場合において、これが悪意であるときは、強制執行をすることができますが、善意のZに対しては強制執行はできません。ただ、承継執行文の付与を受けるに当たり、Zが仮処分の執行後に占有した者であることを文書で証明することができれば、XはZに対する承継執行文の付与を受けることができます。

執行文の付与に対する異議の申立ての理由

以上のとおり、仮処分債権者の権利は強化されていますが、権原ある第三者（民94条2項の第三者等）や善意の非承継占有者の保護も必要です。執行文の付与に関する救済としては、執行文付与に対する異議の訴えがあります（民執34条）が、民事保全法はより簡易な救済手段を認めています。

すなわち、執行文付与に対する異議の申立て（民執32条）において、債権者に対抗することができる権原により係争物を占有していること、またはその仮処分の執行がされたことを知らずかつ承継占有者でないことを、その理由とすることができます（民保63条）。

第3編 保全執行に関する手続

ポイント

占有移転禁止の仮処分の効力の及ぶ者
- ❶承継占有者…………………○（善意・悪意不問）
- ❷悪意の非承継占有者……○
- ❸善意の非承継占有者……×

ミニテスト

1　Xが、Yに対し建物の占有移転禁止の仮処分の執行をした場合において、XがYに対する本案の債務名義を得たときは、Xは、当該債務名義をもって、仮処分の執行後にYとは無関係に当該建物を占有した善意の第三者Zに対しても、強制執行をすることができる。

2　1の設例において、仮処分の執行調書にZの氏名が占有者として記載されていないときは、Zは仮処分の執行後に占有した者であることが推定される。

解答　1　× 善意の非承継占有者には及ばない。
　　　　2　○ 民保62条2項。

199

索　引

［**著者プロフィール**］

小山弘（こやま　ひろし）

　昭和62年　司法書士試験合格
　平成元年　司法書士登録

小山倫子（こやま　みちこ）

　平成11年　司法書士試験合格
　平成22年　司法書士登録

面白いほど理解できる民事執行法・民事保全法〔第2版〕

2012年4月5日　初　版　第1刷発行
2021年8月25日　第2版　第1刷発行

編 著 者	株式会社　早稲田経営出版	
	（民事執行法・民事保全法研究会）	
発 行 者	猪　　野　　　　樹	
発 行 所	株式会社　早稲田経営出版	

〒101-0061
東京都千代田区神田三崎町3-1-5
神田三崎町ビル
電 話 03(5276)9492（営業）
FAX 03(5276)9027

組　　版	株式会社　グ ラ フ ト	
印　　刷	株式会社　ワコープラネット	
製　　本	東 京 美 術 紙 工 協 業 組 合	

Ⓒ Waseda keiei syuppan 2021　　　Printed in Japan　　　ISBN 978-4-8471-4803-3
N.D.C. 327

書籍の正誤についてのお問合わせ

万一誤りと疑われる箇所がございましたら、以下の方法にてご確認いただきますよう、お願いいたします。

なお、正誤のお問合わせ以外の書籍内容に関する解説・受験指導等は、**一切行っておりません。**
そのようなお問合わせにつきましては、お答えいたしかねますので、あらかじめご了承ください。

1 正誤表の確認方法

CYBER TAC出版書籍販売サイト
BOOK STORE

早稲田経営出版刊行書籍の販売代行を行っているTAC出版書籍販売サイト「Cyber Book Store」
トップページ内「正誤表」コーナーにて、正誤表をご確認ください。

URL：https://bookstore.tac-school.co.jp/

2 正誤のお問合わせ方法

正誤表がない場合、あるいは該当箇所が掲載されていない場合は、書名、発行年月日、お客様のお名前、ご連絡先を明記の上、下記の方法でお問合わせください。
なお、回答までに1週間前後を要する場合もございます。あらかじめご了承ください。

文書にて問合わせる

● 郵 送 先　〒101-0061 東京都千代田区神田三崎町3-1-5 神田三崎町ビル
株式会社 早稲田経営出版 出版部 正誤問合わせ係

FAXにて問合わせる

● FAX番号　**03-5276-9027**

e-mailにて問合わせる

● お問合わせ先アドレス　**sbook@wasedakeiei.co.jp**

※お電話でのお問合わせは、お受けできません。また、土日祝日はお問合わせ対応をおこなっておりません。
※正誤のお問合わせ対応は、該当書籍の改訂版刊行月末日までといたします。

乱丁・落丁による交換は、該当書籍の改訂版刊行月末日までといたします。なお、書籍の在庫状況等により、お受けできない場合もございます。
また、各種本試験の実施の延期、中止を理由とした本書の返品はお受けいたしません。返金もいたしかねますので、あらかじめご了承くださいますようお願い申し上げます。